유물론

MATERIALISM by Terry Eagleton

Copyright © 2016 by Yale University
Originally published by Yale University Press.
All rights reserved.
This Korean edition was published by Galmabaram in 2018 by arrangement with
Yale University Press Limited through KCC(Korea Copyright Center Inc.), Seoul.

이 책은 (주)한국저작권센터(KCC)를 통한 저작권자와의 독점계약으로 갈마바람에서
출간되었습니다. 저작권법에 의해 한국 내에서 보호를 받는 저작물이므로
무단전재와 복제를 금합니다.

MATERIALISM

유물론

니체, 마르크스, 비트겐슈타인, 프로이트의 신체적 유물론

테리 이글턴 지음 ｜ 전대호 옮김

갈마바람
Galmabaram

일러두기

1. 지은이 주는 본문에 1, 2, 3……으로 표시하고 미주로 실었다.
2. 옮긴이 주는 본문에 •, ••……으로 표시하고 각주로 실었다.
3. 인명은 인물의 모국어로 병기하였다. 단, 국립국어원의 표준국어대사전에 등재된 경우나, 국내 검색엔진에서 한국어로 검색되는 경우는 불필요하다고 판단하여 병기하지 않았다.
4. 저술명은 초판이 출간된 언어로 병기하였으나, 저자 사후에 출간된 일부 저서는 저자의 모국어로 병기하였음을 밝힌다.

레오 파일Leo Pyle을 기리며

차례

서문

이 책의 주요 논제 하나는 몸이다. 그러나 (어쨌거나 내가 열렬히 바라는 바를 말하면) 요새 문화 연구에서 인기를 누리는 유형의 몸을 다루려는 것은 아니다. 그런 몸은 토론의 주제로서 편협하고 배타적이며 지루할 만큼 흔하게 되었다. 그리하여 이 책은 논쟁적인 의도를 바탕에 깔고 인간의 동물성creatureliness이 나타내는 여러 양태를 탐구하려 한다. 정통 포스트모던주의는 인간의 동물성을 대체로 제쳐놓았지만, 동물성은 이를테면 성별이나 인종과 상관없이 모든 인간 몸에 적용되는 진실들 중 하나다. 확신하건대 오늘날 문화 담론을 이끄는 인물들은 나의 이러한 불굴의 보편주의를 충분히 큰 스캔들로 느낄 것이다.

현재 전 세계의 대학원생 가운데 흡혈귀나 그래픽노블을 연구하는 사람들을 제외한 나머지는 모두 몸을 연구한다고 할 만하다. 그러나 그들의 연구 방식은 어떤 생산적인 접근법을 배제한다. 늘 그렇듯이, 사람들은 포용성을 찬미하면서도 자신들이 선호하는 어법이 얼마나 많은 것을 배제하는지 깨닫지 못한다. 문화 연구는 주로 인종적 몸, 남녀의 몸, 성소수자의 몸, 굶주린 몸, 잘 가꾼 몸, 늙어가는 몸, 치장된 몸, 장애인의 몸, 사이버네틱 몸, 생정치적 bio-political 몸—성적 시선이 향하는 대상으로서의 몸, 쾌락이나 고통의 장소로서의 몸, 권력이나 훈련, 또는 욕망이 새겨진 몸—에 관심을 기울인다. 반면에 이 책에서 다루는 인간 몸은 더 두루뭉술하다. 무엇보다도 먼저 그 몸은 문화적 구성물이 아니다. 그 몸에 대한 서술은 캄보디아와 첼트넘*에서 동등하게 타당하며, 벨기에 여성과 스리랑카 남성에게 동등하게 적용된다. 힐러리 클린턴에게 참이며, 또한 마찬가지로 키케로에게도 참이다. 이 접근법을 스캔들로 여기는 사람은 모든 보편적 주장은 억압이라고 주장하는 (그러면서 바로 그 특수한 보편적 주장만 예외라고 하는) 놀라운 포스트모던 독단론자들뿐일 성싶다.

문화 연구는 몸에 관해서 몇몇 값진 통찰을 산출했지만 몸에 관한 문화 연구 자체의 꽤 음울한 정치적 역사를 자각하지 못하는 듯하다. 이 주제를 다룬 주요 원전 하나는 미셸 푸코의 연구다. 그의 글은 1960년대의 여파 속에서 혁명적 좌파가 맞은 위기를 대표하기도 한다. 당시는 더 야심적인 형태의 급진적 정치 세력이 강력한 우익 세력에 밀려 흔들리는 듯하던 시기였다. 그때 역사적 유물론이 문화적 유물론에 자리를 내주기 시작했고 몸에 대한 관심이 부상하기 시작했다. 푸코의 글은 감각에서 멀어져 너무 지적으로 된 좌파 정치에 도전하는 것 못지않게 그 정치의 교체에도 기여했

• 잉글랜드 중부의 도시.

다. 요컨대 무릇 물신숭배^{fetishism}가 그렇듯이, 이 특수한 몸도 간극을 매우는 구실을 하는 셈이다. 몸과 사회주의 정치 사이의 관계는 일부 선구적인 여성주의 진영에서 정치적 의제로 유지되었다. 그러나 1980년대에 이르렀을 때, 사회주의는 성 담론에 자리를 내주는 중이었고, 문화적 좌파는 대개 부끄러운 얼굴로 자본주의에 대해 침묵하면서 신체성의 문제를 점점 더 열렬하게 논하는 중이었다. 그러나 나중에 마르크스를 고찰하면서 보겠지만, 이 둘(사회주의와 몸)을 반드시 양자택일의 관계로 보아야 하는 것은 아니다.

이 책의 초기 원고를 읽고 값진 논평을 해준 익명의 독자 두 명에게 감사한다. 그중 한 명은 원고의 처음 40쪽을 쳐내라는 잔인한 제안을 했다. 내가 보기에 이 작품의 질은 그 절단 수술 덕분에 크게 향상되었다. 예일 대학교 출판부에서 내 글을 담당하는 편집자 레이철 론즈데일은 지금까지 내 책 대여섯 권을 만들면서 초자연적으로 예리한 눈으로 허술한 표현과 구조적 비일관성을 잡아냈다. 그녀는 단연 최고의 편집자다. 나는 그녀에게 깊이 감사해야 마땅하다.

1장
유물론들

유물론은 모양과 크기가 다양하다. 콧대가 센 유물론들이 있는가 하면, 배가 나온 유물론들도 있다. 그러나 나 자신의 지적 한계는 말할 것도 없고 유물론이라는 주제의 버거운 규모를 감안할 때, 이 책은 유물론 사상의 일부만 다루게 될 것이다. 나의 관심사는 일원론, 이원론, 제거론*, 또는 정신-신체 문제^{mind-body problem} 일반에 관한 고도로 전문적인 질문들이 아니다. 오히려 나는 폭넓은 의미에서 사회적이거나 정치적인 유물론들에 관심이 있다. 대체로 신경과학자들은 그런 형태의 유물론들에 대해서 그다지 흥미로운 발언을 한 적이 없다.

어떤 유물론자들은 물질적 조건이 인간사를 이끈다고 여긴다. 만일 당신이 그런 유물론자라면, 물질적 조건의 변화를 추구하면서 그 변화가 사람들의 생각과 행동을 바꾸기를 희망할지도 모른다. 게다가 당신이 결정론적 유물론자여서 사람들은 환경에 의해

• eliminativism. 정신에 대한 상식적 개념 틀은 잘못되었으므로 제거해야 한다고 보는 유물론적 입장.

전적으로 규정된다고 여긴다면, 그 변화 프로젝트가 전망이 밝아 보이는 것도 무리가 아니다. 그러나 문제는 이것이다. 만일 개인이 그저 환경의 함수일 뿐이라면, 이 사실은 당신에게도 적용되어야 한다. 그럴 경우, 곧 당신 자신이 환경적 맥락의 산물이라면, 어떻게 당신이 그 맥락을 바꾸는 행동을 할 수 있을까? 이런 곤란한 의문에도 불구하고 전통적으로 유물론은 (반드시 그런 것은 아니지만) 정치적 급진주의와 연합해왔다. 18세기 영국 사상가 데이비드 하틀리, 조지프 프리스틀리 같은 경험주의적 유물론자들은 정신이 감각인상들로 이루어졌다고 주장했다. 감각인상들은 환경에서 유래하고, 만일 환경을 개조하여 '올바른' 감각자료$^{sense\ data}$를 산출하게 할 수 있다면, 인간의 행동은 극적으로 개선될 수 있을 것이라고 말이다.[1] 정치적인 관점에서 볼 때 이것은 이론의 여지가 없는 진보 프로젝트는 아니었다. 나중에 마르크스가 지적했듯이, 문제의 개조는 대개 지배자의 필요와 이익에 봉사했기 때문이다. 마르크스는 이런 경험주의적 인식론이 암시하는 정치학을 재빨리 간파했던 것이다.

잉글랜드 내전* 당시 일부 좌파 사상은 급진주의와 유물론을 연결했다. 바뤼흐 스피노자의 철학과 프랑스 계몽 **철학들**도 마찬가지다. 이 전통은 마르크스와 엥겔스까지 이어질뿐더러 우리 시대에도 질 들뢰즈 같은 반골 이론가들의 사상에서 불쑥불쑥 나타

* English Civil War(1642~1651). 일부에서 '청교도 혁명'으로도 불림.

난다. (다윈, 니체, 프로이트도 급진주의적 유물론자들이지만 극좌파 사상가들은 아니다.) '유물론'이라는 단어는 18세기에 만들어졌지만, 유물론 자체는 고대에도 있었다.[2] 최초의 유물론자들 중 하나인 그리스 철학자 에피쿠로스는 마르크스의 박사논문 주제였다. 마르크스는 에피쿠로스의 정의와 자유를 향한 열정, 부의 축적에 대한 혐오, 여성에 대한 계몽된 태도, 인간의 감각적 본성을 진지하게 다루는 태도를 존경했고 이 모두가 에피쿠로스의 철학적 입장들과 뗄 수 없게 결합되어 있다고 보았다. 에피쿠로스에게 유물론은─계몽사상에서와 마찬가지로─(물론 다른 의미들도 있었지만) 성직자의 교활한 술수와 미신으로부터의 자유를 의미했다.

아이작 뉴턴과 동료들에게 물질은 야만적이고 무기력한[inert] (뉴턴의 표현에 따르면, '멍청한[stupid]') 존재였고, 그런 존재로서 외적인 힘인 신의 의지에 의해 움직여져야 했다. 이 견해가 인간의 몸에 대해서 말해주는 바가 하나 있다. 마치 시체를 보듯이 인간의 몸을 보는 사람들은 몸이 불현듯 깨어나 움직이려면 무언가 유령 같은 것을 보충할 필요가 있다는 느낌을 갖기 쉽다. 조야하고 게으른 물질이 스스로 자신을 활성화할 성싶지는 않으니까 말이다. 이런 의미에서, 몸을 벗어난 정신과 영혼은 기계적 유물론의 조잡함을 개선하기 위한 시도의 하나다. 만일 우리가 덜 기계적인 물질관을 채택한다면, 몸을 벗어난 정신과 영혼은 불필요한 것으로 밝혀질 가능성이 충분히 있다. 정신과 자연이 별개의 두 영역이라면, 전자는 후자를 자유롭게 지배할 수 있다. 뉴턴의 세계관에서 정신적 힘들

은 위로부터 자연을 지배한다. 마치 군주나 독재자가 국가를 다스
리듯이 말이다.

반면에 스피노자에서 유래한 급진주의적 전통에 서면, 그런
위엄 있는 권위들이 필요하지 않게 된다. 물질 자체가 살아 있을
뿐더러, 마치 민주국가의 대중처럼, 스스로 자신을 규정하니까 말
이다. 물질을 움직이는 주권적 힘을 상정할 필요는 없다. 더 나아
가 정신의 영역을 반박한다는 것은 물질세계와 그 안에서 사람들
이 누리는 물질적 안녕을 매우 진지하게 다룬다는 것을 의미한다.
급진주의적 전통은 빈곤과 불의를 바로잡는 일이 천상天上의 문제
들 때문에 방해받는 것을 허용하지 않는다. 또한 사람들이 성직자
의 권위를 깡그리 배척하는 것을 허용한다. 왜냐하면 우리가 바라
보는 모든 곳에 정신이 있다면, 성직자가 정신을 독점할 수는 없기
때문이다. 이런 연유로 우리는 물질의 정치학을 이야기할 수 있다.

이런 의미의 유물론자가 된다는 것은 인간을 전능자the Almighty
와 동일한 물질세계의 일부로 봄으로써 인간에게 어느 정도의 존
엄성을 부여한다는 것을 의미한다. 적어도 범신론자 스피노자의
견해는 그러했다. 이처럼 유물론과 인본주의humanism는 자연스럽게
어울리는 한 쌍이다. 그러나 같은 논리로, 인간과 나머지 자연 사
이에 메울 수 없는 간극이 있다고 여긴 더 보수적인 인본주의자들
을 질책할 수도 있다. 그런 철학적 젠체하기를 우리는 인간의 평범
한 지위를 지적함으로써, 인간이 물질세계와 그곳의 동료 동물들
과 다를 바 없음을 겸허히 지적함으로써 약화시킬 수 있을 것이다.

인류는 만물의 영장Lord of Creation이 아니라 만물 공동체의 일부다. 파도를 일으키고 옥수수를 익게 하는 힘들은 우리의 살과 힘줄을 이루는 재료이기도 하다. 프리드리히 엥겔스는《자연변증법Dialektik der Natur》에서 이렇게 말한다.

> 정복자가 피정복민을 지배하듯이, 자연의 외부에 있는 누군가처럼 우리가 자연을 지배한다는 말은 터무니없다―오히려 살과 피와 뇌를 가진 우리는 자연에 속하고 자연의 한가운데 존재한다. …… 우리가 자연을 지배한다는 말은 단지 우리가 자연법칙들을 알고 옳게 적용할 수 있다는 점에서 다른 존재들보다 유리한 입장이라는 것을 의미할 뿐이다.[3]

그리 멀지 않은 과거에 다윈은 우리의 미천한 기원을 폭로했다. 인류는 자신의 기원이 무언가 더 고귀한 것이기를 바랐겠지만, 다윈은 그런 인류를 평범한 물질적 과정들의 그물망 속으로 옮겨놓았다.

유물론은 정치적 측면뿐 아니라 윤리적 측면도 지녔다. 오만한 인본주의에 맞서서 유물론은 우리가 세계의 평범한 것들과 연대해야 한다고 주장하며 그럼으로써 겸손의 미덕을 함양한다. 인간이 전적으로 자기 규정적이라는 환상에 경악하면서, 유물론은 우리가 환경에, 또한 서로에게 의존한다는 것을 일깨운다. 지크문트 프로이트에 따르면 "인간의 근원적인 무력함은 …… 모든 도덕적 동기의 주요 원천이다".[4] 우리를 도덕적 존재로 만드는 것은 우리의 자율이 아니라 취약성, 우리의 자기 폐쇄self-closure가 아니라 개 방적 의존성이다. 마르크스주의 철학자 세바스티아노 팀파나로 Sebastiano Timpanaro는 이 같은 유물론의 정신에 충실하게 다음과 같이 말한다.

> 과학 연구의 결과들은 인간이 우주에서 차지하는 지위가 미미하다 고 우리에게 가르친다. 지구에는 아주 오랫동안 생명이 존재하지 않 았다고, 생명의 기원은 매우 특수한 조건들에 의존했다고, 인간의 생 각은 정해진 해부학적 생리학적 구조들에 좌우되며 그 구조들의 확 정적인 병리적 변화에 의해 혼탁해지거나 지연된다고 가르친다.[5]

이런 유형의 유물론은 허무주의nihilism가 아니라 실재론 realism을 북돋 는다. 비극 예술에서처럼, 우리의 성취는—그 성취가 탄탄한 기반 을 가지려면—우리의 연약함과 유한함에 대한 인정과 얽혀야 한 다. 또한 유물론이 제공하는 다른 도덕적 혜택들도 있다. 물질의 완강함을 잘 아는 유물론 사상은 세계의 다름otherness과 온전함에 대 한 존중을 북돋는다. 반면에 포스트모던 나르시시즘은 시선이 닿 는 모든 곳에서 인간 문화의 반영들만을 본다. 유물론은 포스트모 던한 선입견에 대해서도 회의적이다. 그 선입견에 따르면, 실재는 우리 손 안의 진흙이다. 지배자의 의지로 잡아늘이고, 자르고, 치대 고, 다시 빚어야 할 진흙 말이다. 이것은 고대 영지주의가 품었던 물질에 대한 혐오의 후기 자본주의 버전이다.

팀파나로를 비롯한 일부 마르크스주의자들은 이른바 역사적 유물론의 옹호자이기도 하다. 역사적 유물론에 대해서는 나중에 더 자세히 논할 것이다.[6] 또한 일부 마르크스주의자들은 (비록 요새는 세력을 잃는 중이지만) 변증법적 유물론의 옹호자이기도 하다. 변증법적 유물론은 때때로 마르크스주의 철학이라고도 불린다.[7] 역사적 유물론은 그 명칭에서 짐작할 수 있듯이 역사 이론인 반면, 엥겔스의 《자연변증법》을 기반으로 삼는 변증법적 유물론은 훨씬 더 야심 찬 실재관이다. 변증법적 유물론의 이론적 지평은 무려 우주 전체다. 이것은 이 실용주의적인 시대에 변증법적 유물론이 호감을 사지 못하는 한 이유임에 틀림없다. 개미부터 소행성까지, 세계는 서로 맞물린 힘들의 역동적 복합체다. 그 안에서 모든 현상들은 서로 연관되어 있으며, 어떤 것도 고요히 머물지 않으며, 양은 질로 변환되고, 절대적 관점은 가용하지 않으며, 모든 것은 끊임없이 자신의 반대로 변하려는 참이고, 실재는 맞선 힘들의 통일을 통해 진화한다. 이 교리^{doctrine}를 부정하는 사람은, 현상은 안정적이고 자율적이고 이산적이며 실재 안에는 어떤 모순도 없고 모든 것은 자기 자신이며 다른 무언가가 아니라는 그릇된 전제를 품은 형이상학자라는 비난에 직면한다.

불분명한 점은 모든 것 각각이 다른 모든 것 각각과 연관되어 있다는 주장을 어떻게 이해해야 하는가이다. 미국 국방부와 갑자기 치미는 성적^{性的} 질투 사이에는—양쪽 모두 자전거를 탈 수 없다는 사실을 제외하면—공통점이 거의 없는 듯하다. 변증법적 유물론이 세계에서 작동한다고 보는 법칙들 중 일부는 자연과 문화의 구분에 구애받지 않는다. 이런 경우에 변증법적 유물론은 마르크스주의가 거부하는 부르주아 실증주의와 난처할 만큼 유사해진다. 나와 친분이 있는 어느 마르크스주의자 겸 노동자는 자랑스러운 어투로 이렇게 말했다. "주전자들은 끓고, 개의 꼬리들은 흔들리고, 계급들은 투쟁한다." 그러나 변증법적 유물론을 위장된 관념론이나 철학적 헛소리로 보는 마르크스주의자도 많다.[8] 몇 년 전에 화제가 되었던 이른바 분석적 마르크스주의자 analytic Marxist 집단의 견해는 변증법적 유물론이 철학적 헛소리라는 것이었다. 그들은 '헛소리 없는 마르크스주의 Marxisme sans la merde de taureau'라는 구호가 새겨진 스포츠용 티셔츠를 즐겨 입었다.

역사적 유물론자가 반드시 무신론자일 필요는 없다는 점을 유의할 필요가 있다. 기이하게도 많은 사람들은 이 사실을 모르는 듯하다. 물론 역사적 유물론자들은 대개 종교적 믿음을 거부하지만, 일반적으로 그들은 역사적 유물론과 종교가 논리적으로 별개라고 생각한다. 역사적 유물론은 존재론이 아니다. 그 이론은 모든 것이 물질로 이루어졌으며 따라서 신은 터무니없다고 단언하지 않는다. 또한 그 이론은 '만물의 이론 Theory of Everything'이 아니다. 변증법적 유물론은 만물의 이론이기를 열망하지만 말이다. 역사적 유물론은 최고의 달걀 거품을 만드는 법이나 시신경에 대해서 긴요하게 할 말이 없다. 그 이론은 훨씬 더 겸허한 제안, 곧 생산력과 생산관계 사이의 갈등과 더불어 계급투쟁을 획기적인 역사적 변화의 동력으로 보자는 제안이다. 또한 역사적 유물론은 사람들의 사회적 실존의 원천에 그들의 물질적 활동이 놓여 있다고 여긴다. 이것은 마르크스주의에 국한된 견해가 아니다. 발터 베냐민처럼 유대교에 우호적인 유대인이나 기독교 해방신학 추종자가 이 견해를 채택하지 못할 이유는 없다. 또한 이슬람 마르크스주의자들도 있다. 이론적으로는, 프롤레타리아의 필연적 승리를 고대하면서 매일 성모마리아상 앞에 엎드려 여러 시간을 보내는 것도 가능하다. 존재하는 모든 것은 물질이라는 견해를 견지하면서 대천사 가브리엘을 믿기는 상대적으로 덜 쉽겠지만 말이다.

일부의 주장에 따르면, 변증법적 유물론은 생기론적 유물론 vitalist materialism의 전통에 속하며, 그 전통은 데모크리토스와 에피쿠로스에서 시작하여 스피노자, 셸링, 니체, 앙리 베르그송, 에른스트 블로흐, 질 들뢰즈, 기타 여러 사상가들로 이어진다. 당신이 이 전통에 설 경우에 얻는 혜택 하나는 이원론에 빠졌다는 나쁜 평판을 듣지 않으면서 정신을 위한 자리를 마련할 수 있다는 것이다. 왜냐하면 생명이나 에너지 형태의 정신은 물질 자체에 내재하기 때문이다. 그러나 다른 한편으로 이 전통은 일종의 비합리주의라는 질책을 받아왔다. 생기론적 유물론이 보는 실재는 불안정하고 변덕스럽고 끊임없이 변신한다. 관절염 환자처럼 뻣뻣한 범주들에 따라 세계를 분할하는 경향이 있는 정신은 이 끊임없는 흐름을 따라잡기 어렵다. 하나의 능력으로서 의식은 자연의 복잡성을 감당하기에는 너무 서툴고 거추장스럽다. 과거에는 정신이 물질의 관성을 추월하곤 했다면, 이제는 변화무쌍한 물질이 정신을 앞지른다.

일부 생기론 학파들은 물질을 관념화하고 에테르화하는^{etherealize} 경향이 있다. 그리하여 그 학파들은 물질에서 고통을 제거하고 물질의 고분고분하지 않은 육중함을 외면할 위험에 처한다.[9] 이런 온화한 관점에서 본 물질은 더는 아픔의 원천—우리의 프로젝트에 흠집을 내고 목표를 좌절시키는 자—이 아니다. 오히려 물질은 정신의 훌륭함과 유연성을 모두 가진다. 이것은 기이하게도 비물질적인 유형의 유물론이다. 슬라보이 지제크가 지적하듯이, 이런 관점을 옹호하는 이른바 신新유물론^{New Materialism}이

> 유물론적이라는 것은 톨킨의 미들어스[•]가 유물론적이라는 것과 같은 의미다. 마법의 힘들, 선한 영과 악한 영 등으로 가득 찬, 그러나 기이하게도 **신들은 없는** 세계. 톨킨의 우주에는 초월적이며 신성한 존재들이 없다. 모든 마법은 물질에 내재한다. 우리의 지상계에 깃든 영적인 힘의 하나로서 물질에 내재하는 것이다.[10]

톨킨의 관점과 마찬가지로 신유물론은 본질적으로 이교도적이다. 《신유물론들^{New Materialisms}》이라는 제목이 붙은 책의 편집자들이 말하듯이 "물질성^{materiality}은 항상 '한낱 물질' 그 이상이다. 물질성은 물질에 활동성, 자기 창조성, 생산성, 예측 불가능성을 부여하는 초

• Middle-earth. 중간계.

과[excess], 힘, 생기, 관계성, 또는 차이다."[11]

같은 책의 또 다른 글은 물질을 "우리와 우리의 발명품들 안에 깃든 생명 원리"[12]로 서술한다. 이렇게 되면 물질은 유사 형이상학적 지위를 얻는다. 또 다른 저자에 따르면 "물질성에 대한 해체적 이해는 어떤 불가능한 힘의 존재를, 현전[presence]과 가능의 범위 안에 아직 있지 않으며 더이상 있지 않은 무언가의 존재를 시사한다."[13] 데리다풍의 유행어 '불가능'을 앞세워 지금 유물론은 부정신학적 영역 또는 형언할 수 없는 영역을 향해 빠르게 움직이는 듯도 하다. 레이초우[周蕾]는 "일차적으로 의미[signification]와 과정-속-주체[subject-in-process]로 정의되는 개량된 유물론"[14]을 촉구한다. 이는 개량된 코뿔소의 관념을 채택하여 코뿔소를 일차적으로 토끼로 정의하자고 촉구하는 것과 유사하다고 할 만하다. 왜 '의미와 과정-속-주체'를 유물론의 일차적인 사례로 생각해야 한다는 말인가?

간단히 말해서, 물질을 물질임이라는 굴욕에서 구제해야 한다는 것이다. 대신에 물질을 말하자면 실체 없는 물질성으로, 포스트구조주의적 텍스트성 개념만큼 유동적이며 변화무쌍한 것으로 간주해야 한다는 것이다. 텍스트성과 마찬가지로 그런 물질은 무한하고 불확정적이며 예측 불가능하고 계층화되어 있지 않으며 산만하고 자유롭게 떠돌며 이질적이고 총괄 불가능하다. 에릭 샌트너[Eric Santner]의 적절한 표현을 빌리면, 이런 물질관은 "말하자면 세포 수준의 다문화주의"[15]다. 《신유물론들》에서 충분히 명확하게 드러나듯이, 그 책이 옹호하는 유물론은 실은 늑대의 탈을 쓴 포스트구조주의다. 자크 데리다를 비롯한 사상가들이 '텍스트'라고 말할 때, 신유물론자들은 '물질'이라고 말한다. 그 밖에는 큰 차이가 없다.

많은 외견상의 혁신들이 그렇듯이, 신유물론은 겉보기와 달리 전혀 새롭지 않다. 신유물론은 포스트구조주의와 마찬가지로 인본주의―인간이 세계에서 특권적인 지위를 차지한다는 믿음―를 의심하며, 인간과 자연계를 무차별적으로 휩쓰는 물질적 힘들을 지목함으로써 인본주의를 흠집 내려 한다. 그러나 단지 인간 주위의 모든 것에 영혼을 불어넣음으로써 인간의 고유한 특징을 깎아 내릴 수는 없다. 물질도 어쩌면 살아 있을 수 있다. 그러나 물질은 인간이 살아 있는 것과 같은 의미로 살아 있지는 않다. 물질은 절망하거나 횡령하거나 살인하거나 결혼할 수 없다. 달은 어떤 의미에서 살아 있는 존재일 수 있다. 그러나 달은 스트라빈스키보다 쇤베르크를 더 선호할 수 없다. 물질 입자들은 사람들처럼 의미의 세계 안에서 움직이지 않는다. 사람들은 역사를 가질 수 있지만, 양귀비들과 백파이프들은 그럴 수 없다. 물질도 어쩌면 스스로 자신을 활성화할 것이다. 그러나 물질의 자기 활성화는 사람의 목표 달성과 다르다. 물질은 달성할 목표가 없다.

생기론이 물질을 조야하고 무감각한 것으로 보는 관점을 배척한다면, 부분적으로 그 이유는 그 관점이 신체를 벗어난 정신이 들어설 여지를 남겨두는 듯하기 때문이다. 만일 당신이 인간의 몸을 커피테이블과 같은 지위로 낮춘다면, 어쩌면 당신은 인체가 해내는 많은 것들을 이해하기 위해서 손으로 잡을 수 없는 영혼을 인체에 보충할 필요를 느낄 것이다. 따라서 기계적 유물론은 쉽게 자신의 반대짝으로 뒤집힐 수 있다. 자신의 의도와 정반대로, 기계적 유물론은 인간에게 유일무이한 정신적 지위를 부여할 길을 닦을 가능성이 있다. 생기론이 멍청한 물질과 불멸하는 영혼의 그릇된 이분법을 배척하는 것은 옳다. 그러나 생기론은 그 배척을 위해서 모든 물질이 살아 있다고 주장한다. 이는 커피테이블을 인간과 같은 수준으로 간단히 격상하는 것을 의미한다. 진실은 사람이 (이상주의적 인본주의가 말하는 것처럼) 물질세계로부터 분리되어 있는 것도 아니고 (기계적 유물론이 말하는 것처럼) 한낱 물질 조각도 아니라는 것이다. 사람은 실제로 물질 조각이지만, 독특한 유형의 물질 조각이다. 마르크스의 표현을 빌리면, 인간은 자연의 일부다. 이는 인간과 자연이 분리 불가능하다는 의미다. 그러나 또한 우리는 인간과 자연이 '연결되어 있다'고 말할 수 있다. 이 말은 인간과 자연의 다름을 강조한다.[16] 일부 생기론적 유물론자들은 인간과 나머지 자연의 다름을 강조하는 것은 차별적인 위계를 설정하는 것이라고 우려한다. 그러나 사람은 실제로 몇몇 측면에서 고슴도치보다 더 창조적이다. 또한 사람은 고슴도치와 비교할 수 없을 만큼 파괴적인데, 그 원인은 대체로 사람의 창조성과 연결된다. 인간이 고슴도치보다 더 창조적이라는 것을 부정하는 사람은 인간이 고슴도치보다 훨씬 더 파괴적이라는 것을 무시할 위험이 있다.

사람은 물질세계의 돌출부다. 그러나 그렇다고 해서 사람이 버섯과 다르지 않은 것은 아니다. 사람은 버섯과 다른데, 그 이유는 사람이 정신적이고 버섯이 물질적이기 때문이 아니라 사람이 물질성의 독특한 형태인 동물의 한 사례이기 때문이다. 또한 사람은 동물계 안에서도 독특한 지위를 차지한다. 이는 사람이 명백히 '더 고등한' 동물이라는 말이 전혀 아니다. 반면에 신유물론은 인간의 특별한 본성에 관한 담론을 오만이나 관념론으로 섣불리 단정한다. 이것이 포스트모던 유물론이다. 특권을—인간과 나머지 자연을 파괴적으로 분할하는 것을—경계한 나머지, 생기론적 유물론은 우주적 평등주의에 입각하여 그런 구분들을 없애고 물질 자체를 다원화하는 위험을 감수한다. 그리하여 신유물론은 결국 (나중에 보겠지만) 마르크스가 포이어바흐의 사상을 비판하면서 지적한 관조적^{contemplative} 세계관에 귀착한다. 만물이 기계적이고 게으른 것이 아니라 살아 있고 역동적이라고 보더라도, 그런 세계관을 벗어나는 것은 아니다.

환원적 유물론이 인간 주체—특히 행위자로서 주체—가 들어설 자리를 내주기 어려워 한다면, 이 '새로운' 버전의 유물론도 마찬가지다. 기계적 유물론은 인간 행위자가 환상이라고 의심하는 반면, 생기론적 유물론은 절대주권적 주체를 (그 주체를 구성하는) 물질적 힘들의 그물망으로 분산시키려 애쓴다. 그러나 그 힘들에 초점을 맞추다보니 때때로 생기론적 유물론은 사람이 온갖 규정들로부터 마법적으로 자유롭지 않더라도 자율적 행위자일 수 있음을 인정하지 못한다. 자율이란 그런 규정들과 관계 맺는 독특한 방식에 관한 개념이다. 자기 규정적이라는 것은 우리를 둘러싼 세계에 의존하기를 그친다는 뜻이 아니다. 따지고 보면 우리는 오직 (이를테면 우리를 양육하는 사람들에 대한) 의존을 통해서만 어느 정도의 독립을 성취할 수 있다. 거의 모든 포스트모던 사상이 상정하고 공격하는 자율적 주체는 허수아비다. 모든 규정으로부터의 자유는 전혀 자유가 아닐 것이다. 만일 어느 축구선수의 다리가 해부학적으로 규정되고 신뢰할 만하게 예측 가능한 방식으로 작동하지 않는다면, 그가 레알마드리드 팀 소속으로 경기에 나가서 자유롭게 골을 넣을 수 있겠는가?

거의 모든 형태의 생기론에서처럼《신유물론들》에서 '생명'과 '에너지' 같은 용어들은 서술의 영역과 규범의 영역 사이를 모호하게 떠돈다. 저자들은 특정한 역동적 힘들을 지목하면서 또한 그것들에 가치를 부여하는 경향이 있다. 생명, 힘, 에너지의 모든 표현이 권장할 만한 것은 전혀 아니라는 엄연한 사실에도 불구하고 말이다. 어쩌면 도널드 트럼프의 경력이 증언하듯이, 역동성이라고 모두 다 칭찬할 만한 것은 아니다. 물질을 변화무쌍하고 다양하고 분산된 것으로 보는 관점은 '규제적인^{constraining}' 사회제도와 정치조직에 대한 반감을 동반할 수 있다. 따라서 신유물론에서 반反마르크스주의로의 이행은 몇 걸음만으로 순식간에 일어날 수 있다.

생기론의 주요 악덕들 중 일부를 질 들뢰즈의 철학에서 볼 수 있다. 순수 혈통의 형이상학자인 들뢰즈에게 존재는 내재적 창조성이다. 그 창조성은 무한하고 절대적이며, 그 창조성의 최고 표현은 순수한 사유다.[17] 들뢰즈의《감각의 논리$^{Logique\ du\ sens}$》,《안티 오이디푸스 L'Anti-Œdipe》,《차이와 반복 Différence et Répétition》이 그리는 영지주
의적 우주에서 주체, 몸, 기관 organ, 행위자, 담론, 역사, 제도—사실
상 현실성 그 자체—는 (내재적 창조성이라는) 이 가상적이며 불가
해한 힘을 방해할 위험이 있다. 이는 전통적으로 몸이 영혼을 감금
한다고 여겨진 것과 꽤 유사하다. 대체로 들뢰즈는 제약을 부정적
으로만 본다. 이 관점은 저잣거리 이데올로기를 충실히 반영한다.
다른 경우에 들뢰즈는 그 이데올로기를 수긍할 수 없다고 보는데
도 말이다. 역사, 윤리, 법, 소유, 영토, 의미, 노동, 가족, 주체성, 일
상적인 성생활, 대중 정치조직은 대체로 정상화하고 거세하고 규
칙화하고 식민지화하는 힘들이다. 들뢰즈가 존경하는 미셸 푸코
의 견해도 대체로 마찬가지다. 통일성, 추상, 매개, 의미, 관계성, 내
면성, 해석, 표상, 지향성 intentionality, 화해는 삐딱한 눈으로 보아야 마
땅하다. 소외된 지식인의 관점에서 보면, 일상적인 사회적 실존에
서는 건설적인 것을 거의 발견할 수 없다. 대신에 들뢰즈는 우리
에게, 생동하고 창조적이며 욕망하고 desirous 역동적인 (명백하게 옹
호되는) 영역과 안정적 물질 형태들의 억압적 (암묵적으로 악마화되
는) 영역 사이의 진부한 대립을 (몇 개의 한정구들과 더불어) 제시한
다. 들뢰즈의 우주적 생기론은 맹렬한 반反유물론이다. '생명'은 에
테르화하는 힘이며, 신체를 가진 인간에 전혀 관심이 없다. 신체적
인 인간의 최고 성취는 자신의 동물성을 벗어던지고 이 확고한 힘
의 고분고분한 매체가 되는 것이다. 하지만 이 대목에서 핵심 질문
은, 어떻게 우리가 우리 자신으로부터 벗어날 수 있느냐이다. 들뢰

즈 철학에 갈채를 보내는 사람들 중 일부는 우연히 D.H. 로런스의 글에서 이 질문을 다른 형태로 마주치면 곧바로 배척한다.

요컨대 우리 앞에 놓인 것은, (마치 창조와 혁신이 명백히 천사의 편이라도 되는 듯이) 거침없는 긍정과 끊임없는 혁신을 말하는 낭만적-자유주의적 철학이다. 들뢰즈의 우주는 결핍이나 결함이 없는 우주, 실패와 비극에 무관심한 우주다. 존재는 일의적^{univocal}이다. 즉, 모든 사물들은 신의 측면들, 혹은 생명력의 측면들이다. 따라서 인간은 신에 준하는 지위로 격상한다. 그러나 똑같은 이유에서 신은 초월성을 잃고 물질적 실재와 융합한다. 이는 들뢰즈의 위대한 스승인 스피노자의 철학에서와 마찬가지다. 하이데거는 형이상학의 전형적인 오류를 지적하는데, 그 오류의 핵심은 존재자들을 존재의 본보기로 삼는 것이다. 그러면 신은 우상의 색채를 띤 전능한 주체-객체가 된다. 게다가 우리 모두가 내재적 신성의 일부라면, 우리는 간단히 우리 자신을 앎으로써 절대적 실재에 접근할 수 있다. 바로 이 절대자가 우리 안에서 생각하고 느끼니까 말이다. 나는 간단히 나 자신의 직관들을 조회함으로써 진실을 알 수 있다.

이런 철학의 정치적 함의들을 어떻게 해석하건 간에, 확실히 그것들은 급진주의를 옹호하지 않는다. 비록 《신유물론들》은 급진주의를 옹호한다고 자부하지만 말이다. 반면에 《신유물론들》이 후기 산업자본주의의 본성과 얼마나 잘 어울리는지는 어렵지 않게 알아챌 수 있다. 그 책에 담긴 철학은 노동과 자본이 탈물질화^{dematerialize}되어 기호, 흐름, 코드로 바뀌는 세계와 잘 어울린다. 그 세계에서 사회현상들은 가동^{可動}적이고 다원적이며 끊임없이 변화한다. 이미지, 시뮬라크르(모조품), 가상현실이 물질적 대상처럼 극도로 단순한 모든 것을 지배한다. 이 같은 무한히 가변적인 환경에서 물질의 철저한 완강함은 일종의 스캔들이다. 유물론적 사회는 물질을 그다지 좋아하지 않는다. 왜냐하면 물질은 항상 그 사회의 목표들에 어느 정도 저항할 수 있기 때문이다. 모든 생기론적 유물론이 진보적 정치사상으로 유명한 것은 아니다. 그렇지 않은 예로 모르몬교가 있다. 이 종교에 대한 일반적 평판은 사회적으로 대단히 계몽된 종교는 아니라는 것이다. 모르몬교 창시자 조지프 스미스에게 정신은 단지 물질의 더 우수하고 순수한 변형이다. 말하자면 고급스러워진 물질인 셈이다. 물질성은 더할 나위 없이 수용 가능한데, 물질성을 정신과 구별하기 어려운 한에서 그러하다. 신유물론이 등장한 이유 하나는 요새 인기가 없는 역사적 유물론을 대체하기 위해서다. 그러나 역사적 유물론과 달리 신유물론의 모든 유파들은 착취적 세계에서 사람들이 처한 운명에 그다지 관심이 없는 듯하다.

유물론의 다른 변형으로는 어떤 것들이 있을까? 우선 영국 문화평론가 레이먼드 윌리엄스가 개척한 문화적 유물론^{cultural materialism}이 있다. 이 분야는 예술 작품들을 물질적 맥락 안에서 탐구한다.[18] 문화적 유물론이 많은 통찰을 제공한다는 것에는 의심의 여지가 없지만, 이 분야가 전통적 예술사회학의 정치적 버전을 과연 훌쩍 뛰어넘는지 판단하기는 쉽지 않다. 예술사회학도 청중, 독자, 문화 관련 사회제도 등의 문제들을 탐구하니까 말이다. 또 하나의 변형인 의미론적 유물론semantic materialism은 매우 이론적이었던 1970년대에 인기를 누렸지만 지금은 큰 호응을 받지 못하는 사상 조류다. 이 사상에 따르면, 기표들은 물질적(표시, 소리 등)이며, 기의 혹은 의미는 기표들의 상호작용의 산물이다. 따라서 의미는 물질적 토대를 가진다. 나중에 보겠지만, 루트비히 비트겐슈타인은 의미란 물질적 기호들이 실천적 삶꼴form of life 안에서 어떻게 기능하는가에 관한 문제라고 여긴다. 기호의 생명이 그것의 사용에 있고, 기호의 사용은 물질적 사안이라면, 기호의 의미는 데카르트적 이원론에서 영혼이 신체 안에 숨어 있는 것처럼 기호의 배후 어딘가에 숨어 있지 않다. 우리는 비트겐슈타인이 《청색 책, 갈색 책The Blue and Brown Books》에서, 기호 다루기에 '비유기적' 혹은 물질적 부분이 있고 또한 유기적 혹은 정신적 부분—의미와 이해—이 있다고 말한다고 상상하기 쉽다.[19] 그러나 비트겐슈타인의 관점에서 이것은 그릇된 이분법이다. 의미란 우리가 기호를 가지고 무엇에 도달하는가에 관한 사안, 우리가 공적인 세계에서 특수한 목적을 위해 기호를 어떻게 활용하는가에 관한 사안이다. 캔 따개 활용이 가시적인 그만큼 의미도 가시적이다. 이해는 기술 숙달이며 따라서 실천의 한 형태다.[20]

　　외견상 현대적인 많은 사상들이 그렇듯이, 의미론적 유물론의 뿌리는 고대까지 거슬러 오른다. 또한 마르크스의 글에서도 그 사상이 발견된다. 그에 따르면 "생각 자체의 요소, 생각의 필수적 표현의 요소―**언어**―는 감각적 본성을 가진다."[21] 의미를 구성하는 것은 물질(표시, 소리, 몸짓)이다. 《독일 이데올로기Die deutsche Ideologie》에서 마르크스는 언어가 물질과 정신의 구분을 부순다고 말한다. 나중에 보겠지만, 이 말은 몸에도 적용된다. 철학적 관념론자들을 비웃는 대목에서 마르크스는 짐짓 안타깝다는 듯이 "처음부터 '정신'은 물질을 '짊어져야' 하는 저주에 시달리는데, 이때 물질은 교란된 공기층, 곧 소리, 쉽게 말해서 언어의 형태로 나타난다"라고 말한다.[22] '시달리다', '저주', '짊어지다'라는 표현을 주목하라. 지금 마르크스가 채택한 글쓰기 방식은 조너선 스위프트를 연상시키는 풍자다. 그런 풍자로 그는 인간적 의미의 순수성이 의미의 저급한 물질적 매체에 의해 오염되어 있음을 깨닫게 한다. 지고의 존재*나 플라톤의 형상들 같은 고귀한 개념들이 정말 교란된 공기층의 형태로 우리에게 다가올 수 있을까? 그것들은 소리나 문자에 의존하지 않고 독립적으로 존재하기에 충분할 만큼 고귀하지 않을까? 하얀 종이에 찍힌 보잘 것 없는 검은색 표시들이 대체 어떤 신비로운 과정을 통해서 인간의 생각, 관심, 욕구를 가리키는 것일까?

"언어는 의식만큼 오래되었다"라면서 마르크스는 이렇게 말을 잇는다. "언어는, 또한 타인들을 위해서 존재하는 실천적 의식

---

* Supreme Being. '신'을 뜻한다.

이며 오직 그렇기 때문에 또한 나 자신을 위해서 존재한다. 의식과 마찬가지로 언어는 오직 타인들과의 교류의 필요성, 필수성에서 유래한다."[23] 나중에 보겠지만, 비트겐슈타인이 언어의 공적 본성을 강조하고 언어가 우리의 나머지 물질적 실존과 얽혀 있음을 강조한다면, 마르크스는 비트겐슈타인의 통찰들을 선취한다. 비록 개략적인 형태로 그렇게 하기는 하지만 말이다. 언어가 실천적 의식이고 언어를 이루는 기호들이 물질적이라면, 우리는 대번에 의식의 물질성을 이야기할 수 있다. 하지만 한 가지 유의할 점은 이것이다. 마르크스가 생각하는 '의식의 물질성'의 의미는 오늘날의 신경과학이 그 문구에 부여하는 의미와 대체로 다르다.

언어는 어떤 개인의 작품도 아니다. 그래서 우리 인간성의 증표와도 같은 언어는 기이하게도 익명성을 띤다. 언어는 개인의 소유라기보다 날 때부터 우리를 둘러싼 환경에 더 가깝다. 대개의 경우, 가장 훌륭한 시인들도 오직 무수한 사람들이 과거에 셀 수 없이 많이 사용한 단어들을 가져다 씀으로써만 자신의 가장 내밀한 느낌을 발설할 수 있다. 물론 신조어 같은 것들이 있기는 하다. 그러나 신조어들은 이미 확립된 의미들을 통해서만 이해된다. 그리하여 우리는 유물론의 역설, 곧 인간이 비인간에서 유래한다는 역설에 봉착한다. 물론 언어는 어떤 의미에서 인간의 발명품이다. 그러나 언어는 우리로 하여금 어떤 완강한 힘을 깨닫게 한다. 언어는 창조의 터전일 뿐 아니라 그에 못지않게 숙명이다. 유독 언어만 그런 것이 아니다. 우리는 역사, 유전, 친족, 사회제도, 무의식적 과정들의 산물이기도 하다. 우리는 이것들을 대체로 선택하지 않는다. 비개인적 힘들과 마찬가지로 이것들도 우리를 방해한다. 이것들은 (생물학적 측면은 예외지만) 근본적으로 인간의 창조물인데도 말이다. 따라서 인간 주체는 항상 어느 정도 자기 자신에게 낯선 자, 자신이 완전히 소유할 수 없는 힘들에 의해 구성된 자다. 바로 이것이 유물론의 주장이다. 관념론이란 마치 스스로 태어나기라도 한 것 같은 주체를 출발점으로 삼는, 따라서 충분히 멀리 거슬러 올라가서 출발하는 데 실패하는 철학이다.

서맨사 프로스트Samantha Frost는, 우리의 완성에 관여하는 불가해한 복잡성이 함축하는—니체적이라고 할 만한—의미를 영국 정치철학자들 가운데 가장 위대한 토머스 홉스가 어떻게 드러내는지를 이해하기 쉽게 기술한다. 홉스는 우리를 구성하는 힘들의 미묘한 얽힘에 주의를 기울인다. 이른바 자율적 인간 행위자가 제작되는 과정에서 관습, 습관, 운, 신체 구조, 우연한 경험들 등이 하는 역할을 주목하는 것이다.[24] 우리가 그 많은 힘들의 산물이라고 지적하는 것은 인간 행위자란 자기중심의 신화라는 제거주의자들의 주장에 동조하는 것이 아니다. 오히려 그 지적이 강조하는 바는 우리가 성취할 수 있는 자기 결정은 더 심층적인 의존의 맥락 안에 존재한다는 점이다. 이것의 뚜렷한 증표 하나는 우리의 살[肉]이 타인들의 살에서 파생되었다는 사실이다. 자기 자신의 엉덩이에서 튀어나오는 사람은 없다. 의존적 행위자성agency-cum-dependency의 가장 명확한 증표는 몸이다. 몸은 우리 활동의 원천이지만 또한 죽음을 피할 수 없고 연약하며 끔찍할 정도로 아픔에 민감하다. 몸은 행위의 매체일 뿐 아니라 또한 고난의 원인이다. 우리를 생산적이게 만드는 것도, 취약하게 만드는 것도 몸이다. 우리가 역사적 행위자일 수 있는 것은 우리가 특정 유형의 살로 된 덩어리이기 때문이다. 그러나 몸으로서 존재한다는 것은 또한 무방비로 노출된다는 것, 수많은 통제 불능의 영향들에 종속된다는 것, 완전한 자기 지배의 능력이 없다는 것을 의미한다. 유리 스레이버스Joeri Schrijvers의 말마따나 "몸으로서 세계 안에 있음은 사실성facticity과 자유 둘 다를, 자생적인spontaneous 주어져 있음과 능동적인 구성 둘 다를 포함한다."[25] 우리는 숨 쉬지 않거나 피 흘리지 않기로 결정할 수 없다. 왜냐하면 무의식과 마찬가지로 (신체 과정들도 무의식적이다) 몸은 자기 고유의 엄격하게 익명적인 논리를 우리 삶에 부과하기 때문이다.

이런 사정을 염두에 두고 세바스티아노 팀파나로는 우리가 경험에서 수동성의 요소를—우리가 창조하는 것이 아니라 우리에게 부과되는 외적 상황을—부정하거나 피해갈 수 없다고 지적한다.[26] 인간을 일차적으로 행위자로 보는 것은 어떤 열광적인 능동주의에 굴복하는 것이 아니다. 우리는 이성적 **동물**이기 때문에 다양한 형태의 고난과 착취를 당한다. 마르크스에 따르면 "자연적이고 신체적이며 감각적이고 객체적인 존재로서 [개인은] 시달리고 suffering 제약되고 유한한 존재다."[27] 우리는 **이성적** 동물이고 따라서 유달리 지략이 풍부하기 때문에, 이 해악들 중 (전부는 아니더라도) 일부는 개선될 수 있다. 통증은 살의 사실성, 정신에 맞선 살의 완고한 저항을 일깨운다. 몸은 우리가 결코 선택할 수 없는 물질 덩어리며, 우리는 결코 몸을 완전히 소유할 수 없다. 몸은 한편으로 우리의 표현 매체지만 또한 자기 고유의 밀도와 부분적 자율성을 가진다. 장 뤽 낭시에게 몸은 생각이 결코 완전히 꿰뚫을 수 없는 것들을 대표한다. 몸은 우리 생각의 기반이요 원천인데도 말이다.[28]

요컨대 어떤 의미에서 주체성의 물질적 토대 자체가 주체성을 위태롭게 만든다. 육체적인 존재로서 우리는 조밀하고 완강한 물질성을 띤 무언가를, 바로 지금, 호흡만큼 가까운 곳에 지니고 다닌다. 자크 라캉의 유용한 신조어를 써서 말하면, 몸은 '외밀하다'•. 죽음과 마찬가지로 몸은 우리에게 부과된 운명인 동시에 친밀하게 우리 자신의 것이다. 몸은 개별화의 한 양태인 동시에 공통의 조건이다. 우리를 모방이 불가능한 우리 자신으로 만드는 물질을 우리는 무수한 타인들과 공유한다. 마르크스가 지적하듯이, 자신을 개별화하는 것은 우리의 유적 존재$^{Gattungswesen, species-being}$ 일반에 속한 능력이다. 우리가 유일무이한 개인이 될 수 있다는 것은 우리가 공유한 동물성의 한 측면이다.

몸의 비개인성을 감안할 때, 몸은 자아에게 낯설고 외적인 존재로 느껴질 수 있다. 그러므로 이원론은 어떤 의미에서 납득할 만한 오류다. 이원론자들의 오류는 인간을 자기 분열적$^{self-divided}$ 존재로 보는 것에 있지 않다. 그들의 오류는 단지 이 균열의 본성을 잘

• extimate. '외밀함'은 '친밀함^{intimate}'과 '외적임^{exterior}'을 합성한 단어.

못 파악하는 것에 있다. 우리는 공간을 차지한 몸과 영혼이라는 에테르적인 항목으로 나뉘어 있지 않다. 우리가 우리 자신의 몸을 객체화하거나 정신을 방해하는 요소로 느낀다 하더라도, 그런 경험을 하는 자아는 체화된embodied 현상이다. 자신의 살이 낯설고 외적이라는 느낌은 실제로 '영혼'의 한 부분이다. 하지만 이때 영혼이란 유기체로서 사람의 유의미한 삶을 뜻한다. 우리가 우리 자신과 불화하는 것은 몸과 영혼이 서로 불화하기 때문이 아니라 우리가 시간적이고temporal 창조적이며 개방된open-ended 동물이기 때문이다. 나중에 보겠지만, 영혼을 거론하는 것은 의미작용signification의 능력을 보유한 몸을 거론하는 것이다. 그리고 의미작용은 끝이 없기 때문에, 우리는 영원히 과정 속에 있으며 우리 자신을 앞질러 있는 미완성 존재다. 우리를 역사적 존재로 칭하는 것은, 우리가 본질적으로 자기 초월의 능력을 지녔으며 오직 죽었을 때만 우리 자신과 하나가 된다고 말하는 것과 같다. 뿐만 아니라 욕망의 존재로서 우리는 우리가 소유한 것과 열망하는 것 사이에서, 또한 우리가 욕망한다고 의식적으로 상상하는 것과 무의식적으로 욕망하는 것 사이에서 늘 분열되어 있다. 이것들을 비롯한 여러 의미에서 우리는 분열된 주체다. 이것은 우리가 조야한 물질과 순수한 정신의 난감한 혼합물이기 때문이 아니다. 일부 철학자들은 영혼을 몸의 본질로, 몸의 통일 원리로 간주해왔다. 그런데 이 견해의 참된 의미는 우리가 우리 자신과 완전히 동일한 경우란 절대로 없다는 것이다.

매번 행위할 때마다 우리는 물질과 정신 사이의 구분을 허물고 의미와 물질성을 엮는다. 그러나 정신이 몸을 환하고 투명하게 느끼는 일은 오직 몇몇 특수한 맥락 안에서만 (이를테면 춤출 때, 섹스할 때, 세계 수준의 테니스 경기를 할 때만) 일어난다. 이런 드문 경우들에서는 물질적 몸과 현상학적 몸이 하나로 수렴한다고 느껴진다.[29] 어떤 미학 이론에 따르면, 이 수렴은 무엇보다도 먼저 예술 작품에서 완성된다. 미학적 인공물에서 우리가 특별하다고 느끼는 점은 그 인공물을 이루는 모든 물질 입자 각각이 하나의 통합적 의미로 충만해 있어서 의미로서의 감각과 물질로서의 감각 사이의 조화를 드러낸다는 것이다. 흥미롭게도 이 특별함은 부활한 인간 몸에 관한 기독교 교리에서도 나타난다. 부활한 risen 혹은 변용된 transfigured 몸은 몸을 가지고 있음과 몸임 —주어진 것으로서의 몸과 표현으로서의 몸—사이의 긴장을 초월한다. 시詩에서와 마찬가지로 그런 몸에서 물질적 재료와 의미는 하나다.

사도바울이 살을 폄하할 때, 그가 말하고자 하는 것은 우리의 물리적 본성이 아니라 어떤 특수한 삶의 방식이다. 그 삶의 방식에서 몸과 몸의 욕망들은 통제를 벗어나 끔찍할 정도로 반항적이게 된다. 사도바울은 이 실존 양태를 죄라고 부른다. 그의 히브리인 관점에서 몸(소마 soma)은 축복받은 대상이다. 왜냐하면 몸은 신이 창조한 작품이기 때문이다. 반면에 살(사르크스 sarx)은 몸이 비뚤어지고 병적이게 될 수 있음을 이야기할 때 사도바울이 사용하는 은유다. 살은 신경증적인 충동과 병적인 반복, 완고하고 독재적이게 되는 욕망의 영역에 속한다. 이런 의미에서 사도바울은 지크문트 프로이트의 통찰들을 부분적으로 선취했다고 할 수 있을지도 모른다. 신체적 유물론자somatic materialist로서 프로이트는 아기의 몸과 양육자들의 몸 사이에서 분주하게 일어나는 교류가 인간 정신의 원천이며 또한 정신병의 뿌리라고 여긴다. 아기가 자신을 양육하는 사람들에게 느끼는 고마움은 이 친밀한 거래로부터 처음 발생한다. 프로이트는 그 고마움의 감정이 도덕의 토대라고 본다. 그러나 이 거래는 또한 욕망이 처음 싹트고 무의식이 열리는 장소이기도 하다. 이 힘들(욕망과 무의식)은 영혼을 내부에서 구부려 우리의 프로젝트들과 지각들을 진실에서 벗어나게 만들려 한다. 요컨대 프로이트에 따르면, 무의식의 삶은 물질적 동물의 일종인 우리에게서 유래한다. 알프레트 슈미트Alfred Schmidt의 말마따나 "결핍과 감각을 가진 생리학적 존재로서 인간에 대한 이해는 …… 모든 주체성 이론의 전제조건이다."[30] 주체성의 일부는, 우리 안에 있으며 의식적 정신을 능가하는 무언가와 관련이 있다. 무의식의 상상은 가장 일상적인 상황들에서—아기의 삶에 필수적인 양육자들의 끊임없는 돌봄을 아기가 필요로 하는 것에서—유래한다. 무의식의 상상은 물질적 필요가 낳은 결과다.

아기가 이 상태에 머물러 있는 동안은 언어와 욕망으로의 '추락Fall'이 아직 일어나지 않는다. 대신에, 아기와 양육자들 사이에 암묵적 신체적 이해가 존재하며, 그 이해가 결국 언어의 기반을 이룬다. 그러나 인간의 소통은 더 정교해질수록 한편으로 더 짙어지면서 다른 한편으로 더 엷어진다. 즉, 더 풍부하고 복잡해지지만,

또한 위태로울 만큼 추상적으로 되고 따라서 살의 감각적 통제를 벗어날 수 있게 된다. 이제 우리는 본능과 몸의 반사에 더는 의지할 수 없다. 대신에 우리는 이성의 더 불안정한 지략들에 의지할 수밖에 없다. 언어는 말하자면 몸의 뒷받침을 더는 받지 못한다. 토머스 하디의 소설《귀향The Return of the Native》에서 클림 요브라이트와 그의 어머니가 주고받는 이야기는 몸의 뒷받침을 받아 마치 동일한 몸의 오른손과 왼손 사이를 오가는 것처럼 이어지지만 말이다. 이처럼 몸과 언어는 서로 불화할 수 있다. 그리고 이것 또한 몸과 영혼 사이의 전쟁으로 잘못 해석될 수 있다.

　루트비히 비트겐슈타인은 프로이트를 존경했다. 그와 마찬가지로 빈 시민이었던 프로이트의 연구는 비트겐슈타인 가족에게 잘 알려져 있었다. 더구나 정신의학적 장애 집단이라고 할 만한 이 가족은 빈의 가족들을 통틀어 프로이트의 보살핌이 가장 절실히 필요한 축에 들었다. 물론 실제로 프로이트에게 분석을 받은 사람은 루트비히의 여형제 마르가레테뿐이었지만 말이다.[31] 예컨대 아기를 대하는 비트겐슈타인의 태도는 평범한 영국인의 통상적인 태도보다 프로이트의 태도에 훨씬 더 가까웠다. 비트겐슈타인은 이렇게 썼다. "아기의 울음소리를 이해하면서 경청하는 사람이라면 누구나 아기 안에 심리적 힘들, 끔찍한 힘들, 통상적으로 생각되는 그 어떤 것과도 다른 힘들이 잠자고 있음을 깨달을 것이다. 엄청난 분노와 고통과 파괴 욕구가 말이다."[32] 성 아우구스티누스가《고백록Confessiones》에서 건조하게 언급하는 것처럼 아기들이 우리에게 해

를 끼치지 않는다면, 그것은 의지의 결핍 때문이 아니라 힘의 결
핍 때문이다. 비트겐슈타인과 그의 여형제는 함께 최면술을 받았
다. 그들은 한동안 최면 과정에 완강히 저항하다가 시술 시간이 종
료되자마자 깊은 무아지경에 빠졌다. 최면술사의 소파 위에 누운
상태에서도 비트겐슈타인은 관습을 자신만만하게 다뤘던 것이다.
그의 관점과 프로이트의 관점이 양립 불가능하다고 볼 이유는 없
다.[33] 우리의 '내면' 상태는 공적으로 접근 가능하다는 비트겐슈타
인의 주장은 그 상태가 모호하고 파악하기 어려울 수도 있다는 사
실을 배제하지 않는다. 그리고 그 이유들 중 하나는 무의식의 책략
일 가능성이 충분히 있다. 프로이트와 비트겐슈타인은 둘 다 사람
이 자기 자신에게 투명하다고 여기지 않았다. 비트겐슈타인이 보기
에 우리는 우리 자신의 느낌에 관해서 쉽게 기만당할 수 있다. 프로
이트가 보기에 우리는 무의식이라는 영구적 자기 불투명 self-opacity 상
태로 산다. 인간 주체는 자기 자신과 동일하지 못함에서 발생한다.

이제 이른바 사변적 유물론을 살펴보자. 이 이론은 프랑스 철학자
캉탱 메이야수 Quentin Meillassoux 와 관련이 있다.[34] 팀파나로와 마찬가지
로 메이야슈는 인간 주체를 관념론적 인본주의가 부여한 특권적
지위에서 끌어내리려 한다. 메이야수도 지구상에 인류가 출현하기
전에 흘러간 광대한 우주적 시간을 ('조상성 ancestrality'이라고 부르면서)
주목한다. 관념론에 따르면, 오직 특정한 주체의 관점에서만 세계

를 알 수 있다(메이야슈는 이 생각을 '상관주의correlationism'로 명명한다). 그러나 메이야수는 우리의 인지 능력이 그렇게 제한적이지 않다고 본다. 우리는 또한 이 같은 주체와 객체 사이의 상관성이 우연적이라는 것을 안다. 그 상관성은 필연적이지 않다. 더 나아가, 다른 어떤 것도 필연적이지 않다. 물질적 세계에서는, 꼭 그러해야 하는 것은 없으며, 어떤 것이라도 전혀 달랐을 수 있다. 이 생각은 스피노자 같은 결정론자의 사상에서 더없이 멀리 떨어져 있다. 스피노자는《윤리학Ethica》에서 이렇게 주장한다. "우주 안에는 우연적인 것이 존재하지 않는다. 모든 것은 신적 본성의 필연성에 의해 존재하고 특정 방식으로 작동하도록 결정되어 있다."[35]

분명히 말해두는데, 우연은 카오스를 의미하지 않는다. 우주가 우연적이라는 것은 어떤 아이가 아침에 일어나더니 어제까지 전혀 모르던 페르시아어를 유창하게 할 수도 있다는 것을 뜻하지 않는다. 실제로 법칙과 논리가 존재한다. 그러나 이 사실, 곧 법칙과 논리가 존재한다는 사실이 필연적이지 않다. 절대적 앎은 사물의 본질을 찾아내는 것이 아니라 사물에 본질이 없음을 아는 것이다. 심지어 끊임없는 변화도 우연적이다. 늘 고정된 것이 존재해온 세계도 얼마든지 가능하니까 말이다.《신성한 비존재L'Inexistence divine》[36]에서 메이야수는 심지어 신도 그런 우연적인 지위를 보유한다고 주장한다. 실제로 신은 존재하지 않지만 언제든지 존재할 수 있다면서 말이다. 신은 늘 다음주 수요일에, 이를테면 점심시간과 늦은 오후 차 마시는 시간 사이에 펑 튀어나와 존재하게 될 수 있다. 논리적으로 가능한 것은 현실적으로도 가능하다. 우리는 특정한 논리 명제가 세계에 적용되는지 여부를 모를 수도 있다. 그러나 우리는 그 명제가 언제든지 세계에 적용될 수 있음을 안다. 메이야수는 이런 우연성을 실재의 근본적 진실로 간주하기 때문에 유물론자로서는 드물게 절대자를 아는 것이 가능하다고 본다.

사변적 유물론은 우주적인 시간과 공간을 배경에 놓고 볼 때 드러나는 인류의 연약함을 강조한다. 의인관擬人觀, anthropomorphism 은 일종의 어리석음이다. 그러나 메이야수는 또한 그의 철학적 스승인 알랭 바디우와 마찬가지로 무한infinitude을 열렬히 옹호한다. 물질 세계에서는 그 어떤 것도 원리적으로 이성의 한계 너머에 있지 않다. 이마누엘 칸트의 방식으로 이성에 한계를 설정하는 것은 초월transcendence의 가능성을 허용하는 것이다. 즉, 인간 이성이 도달할 수 있는 범위 너머의 현상들의 가능성을 허용하는 것이다. 그리고 이것은 멍청한 정신성의 홍수와 종교적 광신의 해일이 들이닥칠 틈을 열어주는 것과 같다. 반면에 메이야수 같은 다부진 갈리아 이성주의자에게는 이성의 명령장이 작동하지 못하는 영역은 있을 수 없다. 생각은 원리적으로 무한하다. 생각은 자연적인 종결을 모른다. 신이 존재한다면 우리의 이해에 한계가 설정될 것이다. 반면에 신의 부재는 우리의 지적 탐구가 잠재적으로 끝이 없음을 의미한다.

역설적이게도, 신이 존재하지 않기 때문에 우리는 절대자에 접근할 수 있다. 절대자에 접근한다는 것은 사물들의 철저한 우연성에 대한 앎에 접근한다는 것이다. 만약에 신이 존재한다면, 세계는 신적인 필연성에 의해 지배될 테고, 어쩌면 오직 신만이 그 필연성의 작동을 알 것이다. 그리고 우연성은 세계의 궁극적 진실이기를 그칠 것이다. 이런 의미에서 메이야수는, 세계의 자유를 보존하려면 세계에서 신을 추방해야 한다고 주장하는 추억의 중세 유명론자다. 이 주장은, 바로 신이 세계의 자유의 원천이라는 더 정통적인 견해와 대조를 이룬다. 기적들은 우주적 설계의 부재를 알려주므로 전능자의 비존재를 증언한다고 메이야수는 짓궂게 주장한다.

사물들이 지금 이대로일 필연적 이유가 있다고 주장할 수 있다면, 또한 세계 전체의 필연적 이유가 있다는 주장도 할 수 있을 텐데, 메이야슈가 보기에 이것은 유신론에 굴복하는 것에 다름 아니다. 일부 철학자들의 주장에 따르면, 만일 무언가가 그런 이유를 가진다면, 그 이유 자체도 어떤 이유를 가져야 한다. 그리고 우리가 그런 이유들의 무한 역진을 피하려면, 이 같은 확고한 필연들의 사슬에 끝점을 설정해야 한다. 그 끝점, 곧 신의 존재 이유는 신 자신이다. 메이야수는 이런 견해를 반박하고자 한다. 어쩌면 그는 이 견해가 토마스 아퀴나스의 신 존재 논증들 중 하나라고 오해하는 듯하다. 메이야수에 따르면, 오히려 우리가 유신론에 굴복하기를 거부하는 것이 결정적으로 중요하다. 그 주요 이유 하나는 우연성이 윤리학의 토대를 이룬다는 메이야수의 견해다. 세계가 신적인 법칙들에 의해 지배되지 않기 때문에, 세계는 잠정적이고 개방되어 있으며 따라서 희망을 환대할 수 있다. 좋은 삶의 토대는 유신론이 아니라 무신론이다.

요컨대 사변적 유물론은 우주의 이유는 없으며 그 이유가 있다고 상상하는 것은 유신론의 먹이가 되는 것이라고 주장한다. 그러나 정통 기독교 신학에 따르면, 바로 세계의 비필연성이 신의 존재를 시사한다. 창조 교리에 담긴 주장들 중 하나는 우주가 철저히 우연적이라는 것이다. 신이 필연적으로 해야 하는 일은 없으므로, 신이 세계를 창조한 것은 필연성이 아니라 사랑에서 비롯된 일이다. 이 관점에서 보면, 세계는 아무 이유가 없는 공짜 선물이며, 세계 위에는 늘 세계 자신의 비존재 가능성이 그늘로 드리워 있다. 그리고 우주의 어떤 특수한 항목이 아니라 이 같은 우주 자체의 '이유 없는 공짜임gratuitousness' ─ 소설가 밀란 쿤데라가 말하는 '존재의 참을 수 없는 가벼움' ─ 이 우주의 창조자를 암시한다. 우주는 숙명이 아니라 선물이다. 전문적인 신학 용어로 말하면, 신은 '아무 이유 없이 그냥 재미로just for the hell of it', 신 자신에게서 느끼는 영원한 기쁨과 만족에 이끌려, 마치 화가가 그림을 생산하듯이, 우주를 창조했다. 사물들의 우연성의 최고 보증자는 바로 신이다. 아무것도 없어도 무방한데 아무튼 무언가가 있다는 사실의 이유는 신이다. 그러므로 메이야수는 자신이 반박하는 신학을 제대로 이해하지 못한 셈이다. 하지만 이것은 새삼스러운 일이 아니다. 대다수의 무신론자는 신학적 허수아비를 세워놓고 의기양양하게 달려들어 쓰러뜨린다.

창조에 관한 통찰을 특히 구조주의에서 얻을 수 있다. 구조주의에서 세계의 모든 항목 각각은 자신의 잠재적 부재를 배경으로 삼아서 나타난다. 바꿔 말해 모든 항목들은 자의적이며 상호 교환 가능하다. 오직 전체적인 구조 안에서 항목들이 차지한 위치들만 변함없이 유지된다. 신호등에서 '가시오'를 뜻하는 색깔이 무엇인지는 중요하지 않다. 그 색깔이 '멈추시오'를 뜻하는 색깔과 다르기만 하면 된다. 한 항목의 우연성은 그 항목이 다른 항목으로 대체될 때 뚜렷이 드러난다. 이와 더불어, 그 항목들이 등장하고 퇴장하는 와중에도 유지되는 것은 그것들이 차지하는 장소라는 사실이 새삼 지각된다. 이는 마치 장소 자체가 오직 부정적인 방식으로만, 곧 우리가 항목과 그것이 점유한 공간을 동일시하기를 그치고 오히려 한 일시적 점유자가 다른 일시적 점유자로 바뀌는 과정에서 장소 자체를 언뜻 보는 방식으로만, 나타날 수 있는 것과도 같은 상황이다.

이와 유사한 방식으로, 세계의 우연성은 세계의 창조자를 드러낸다. 신은 사물들의 끊임없는 발생과 소멸에 대비될 때만 눈에 띄는 배경이다. 시인 릴케의 표현대로, 신은 이 모든 끝없는 추락^{falling}을 손안에 쥔 자다. 반드시 우연이 우리로 하여금 플라톤처럼 우연 너머의 필연적이고 영원한 무언가를 상정하게 하는 것은 아니다. 오히려 임의의 특수한 비필연적 사실은 세계 전체의 비필연성을 시사한다. 즉, 무언가가 있어도 무방한 것에 못지않게 아무것도 없어도 무방함을 시사한다. 그리고 신학자는, 우주를 사랑하여 아무 이유 없는 활동으로 우주를 창조한 신을 근거로 들어서, 아무것도 없어도 무방하다는 생각을 반박한다. 세계에 스며들어 있는, 비존재non-being를 뜻하는 무Nothingness(곧, 세계가 존재할 필요가 없다는 사실)는 신이라는 헤아릴 수 없는 심연을 뜻하는 무를 시사한다. 이것이 창조 교리의 취지다. 창조 교리는 세계가 어떻게 시작되었느냐 하는 문제와 아무 상관이 없다. 아리스토텔레스처럼 세계는 영원한 과거부터 존재해왔다고 믿는 사람이라도 창조 교리를 얼마든지 옹호할 수 있다.

유물론은 대단히 통이 큰 개념이다. 유물론의 관심사는 정신-신체 문제부터 과연 국가는 일차적으로 사유재산 보호를 위해 존재하는가라는 질문까지 폭넓게 펼쳐져 있다. 유물론은 신에 대한 부정을 뜻할 수도 있고, 중국 만리장성과 클린트 이스트우드의 발목이 서로 은밀하게 연관되어 있다는 믿음일 수도 있고, 또는 아무도 금문교를 바라보지 않더라도 금문교는 계속 존재한다는 주장일 수도 있다. 그러나 유물론은 일상적인 의미도 지니며, 그 의미는 전혀 철학적이지 않다. 대다수 사람들에게 유물론은 물질적 부를 지나치게 중시하는 태도를 의미한다. 프리드리히 엥겔스에 따르면 "유물론이라는 단어를 들으면 속물은 폭식, 술 취함, 눈의 욕망, 살의 욕망, 오만, 소유욕, 탐욕, 빼앗고 싶은 갈망, 이익 추구, 주식 거래 사기 등, 한마디로 자신이 사적으로 탐닉하는 모든 추잡한 악덕들을 떠올린다."[37] 마돈나가 유물론적이라는 말은 그녀가 정신이란 그저 운동하는 물질일 뿐이라거나 계급들이 투쟁하는 것은 개들이 꼬리를 흔드는 것과 별반 다르지 않다고 주장한다는 뜻이 아니다. 그러나 그 말은 카발라의 한 대중용 버전에 대한 그녀의 관심을 이해하는 데 도움이 될 수 있다. 사이언톨로지Scientology에 대한 존 트라볼타의 불길한 열광을 이해하는 데 유물론이라는 개념이 도움이 되는 것과 마찬가지로 말이다. 물질적 부를 넘치도록 소유한 사람들은 부로부터의 도피를 갈망하면서 사이비 정신성에 의존할 가능성이 높다. 숲 속 요정, 마법의 수정水晶, 신지학Theosophy, 외계 우주선에 대한 경솔한 믿음은 그런 사람들의 세속성의 뒷면일 따름이다. 타로 점, 한 꾸러미로 거래되는 신비주의, 즉석 초월이 할리우드에서 큰 인기를 누리는 것은 놀라운 일이 아니다.

이런 맥락에서의 정신성은 물질성의 특수한 양태―배고픔을 느끼기, 낯선 사람을 환영하기, 사랑에 빠지기, 우정을 기념하기, 정의를 위해 분명하게 발언하기 등―가 아니라 그런 따분한 세속적 문제들로부터의 도피다. 그 정신성은 당신에게 경호원, 대리인, 헤어 스타일리스트, 호화 수영장의 과잉에서 벗어나 한숨 돌릴 반가운 기회를 제공한다. 그 정신성은 갑부의 나쁜 신앙을 대표한다. 인도의 영국 식민지 개척자 중에는 현지인들을 혹사시키는 따분한 임무에서 잠시 탈출할 기회를 인도의 정신성에서 발견한 이들이 상당히 많았다. 전하는 말에 따르면, 하인리히 힘러*는 항상 〈바가바드기타〉**를 지니고 다녔다고 한다. 세계가 환상이라면, 무엇이든지 허용 가능하다.

마지막으로, '유물론'이라는 단어는 물질적 과정에 대한 섬세한 반응을 뜻하는 말로도 널리 쓰인다. 물질적인 것들의 흐름과 질감을 예민하게 알아채는 시인 존 키츠의 능력을 '유물론적 상상력materialist imagination'이라고 부를 수 있다. 다른 맥락에서는 이 명칭이 모순적인 표현으로 느껴질 수도 있겠지만 말이다. 메릴린 로빈슨의 소설《하우스키핑Housekeeping》은 거의 모든 페이지에서 이런 의미의 유물론을 탁월하게 실천한다.

우리는 지금까지 다양한 유물론들을 훑어보았으며 앞으로는 그중 일부를 더 자세히 살펴볼 것이다. 그러나 우리가 가장 큰 관심을 기울일 유물론은 문화적 유물론도 아니고 의미론적 유물론도 아니며, 생기론적 유물론도 아니고 사변적 유물론도 아니며, 기계적 유물론도 아니고 변증법적 유물론도 아니다. 그렇다고, 추가로 유물론 몇 개를 마치 명품 자동차처럼 차고에 숨겨둔 것도 아니다. 곧 보겠지만, 우리가 다루려는 유물론은 역사적 유물론과 관련이 있지만 그것과 동일하지 않다. 사실, 그 유물론은 아직 정확한 명칭조차 없다. 아쉬운 대로 '신체적somatic(bodily) 유물론'이나 '인간학적anthropological 유물론'이라는 명칭을 쓸 수도 있겠지만, 양쪽 다 마음에 썩 들지는 않는다. 하나의 관점으로서 그 유물론은 인간과 관련해서 가장 확실하게 손에 잡히는 것을 진지하게 받아들인다. 그

• 독일 나치 친위대장.
•• 힌두교의 주요 경전.

것은 인간의 동물성, 실천적 활동, 신체 구조다. 이 관점에서 보면 철학의 상당 부분은 명백한 것을 억압하기인 것처럼 보인다. 이런 이유에서 프리드리히 니체는 "마땅히 품어야 할 깊은 존경의 마음으로 인간의 코에 대해서 언급한 철학자가 왜 이제껏 아무도 없을까?"라는 질문을 던졌다. 이제 이 관점을 살펴보자.

2장
오소리는 영혼이 있을까?

루트비히 비트겐슈타인은 저서《철학적 탐구Philosophische Untersuchungen》
에서, 영혼의 이미지를 원한다면 인간의 몸을 보라고 말한다.[1] 그
가 말하는 몸은 대상으로서의 몸이 아니라 활동하는 몸이다. 비트
겐슈타인에게는 기호의 사용이 곧 기호의 의미인 것과 같은 뜻에
서, 실천이 곧 몸이다. 인간의 몸은 하나의 프로젝트, 의미작용의
매체, 세계 조직화의 출발점이다. 인간의 몸은 행위자성agency의 한
양태, 타자들과의 교감과 상호작용의 한 형태, 단지 타자들 옆에
존재하는 것이 아니라 타자들과 함께 존재하는 방식이다. 몸은 개
방되어 있고 미완성이며 항상 현재 나타내는 활동보다 더 많은 활
동을 할 수 있다. 그리고 이 모든 것은 무릇 인간의 몸에 대해서 참
이다. 인간이 남성인지 여성인지, 백인인지 흑인인지, 동성애자인
지 이성애자인지, 젊은지 늙은지와 상관없이 말이다. 이 같은 신체
관이 인간의 차이에 열광하는 사람들과 사물이 문화적으로 구성되
어 있다는 생각을 옹호하는 사람들에게 그리 인기가 없는 것은 충
분히 납득할 만한 일이다.

　모리스 메를로퐁티는 몸이란 우리가 세계를 가지는 습관적인

방식이라고 본다. "한 생물에게, 몸을 가진다는 것은 특정한 환경에 얽혀든다는 것, 특정 프로젝트들과 자신을 동일시하고 끊임없이 그 것들에 몰두한다는 것을 의미한다"라고 메를로퐁티는 말한다.[2] 바꿔 말해—마르크스는 이렇게 말했고 또 말하지 않았다—자아란 곧 환경과의 관계다(마르크스는 한 작품에서 이 문장을 썼다가 원고 상태에서 삭제했다).[3] 몸은 우리가 다른 몸과 관계 맺는 다양한 방식의 원천에 놓여 있다. 이 때문에 영어에서 몸을 뜻하는 'body'는 집단적 현상('a body of ferocious Corsican pirates[흉악한 코르시카 해적 집단]')을 가리킬 수도 있고 개별 몸을 가리킬 수도 있다. 몸은 우리에게 활동의 장을 제공하며, 그 장은 몸에게 외부적이지 않다. 《확실성에 관하여On Certainty》에서 비트겐슈타인은 '외부 세계external world'라는 용어가 그를 어리둥절하게 만든다고 고백한다. 어쩌면 그가 품은 질문은 이러할 것이다. '무엇에게 외부적이라는 것일까?' 확실히 우리 자신에게 외부적이라는 것은 아니다. 왜냐하면 우리는 체현體現된 존재이며 우리의 하수도 시스템과 마찬가지로 세계 안에 있으니까 말이다. 세계는 우리의 건너편에 놓인 객체, 우리가 우리 두개골 내부의 어떤 알쏭달쏭한 위치에서 관조해야 할 객체가 아니다.

몸은 더 화려한 다른 것들 사이에 있는 물질적 객체이며, 살의 궁극적 객체화를 일컬어 죽음이라고 한다. 그러나 이를 주목할 가치가 있는데, 토마스 아퀴나스는 그의 스승 아리스토텔레스와 마찬가지로 '몸'이라는 단어를 시체에 적용하기를 거부한다. 대신에 그는 우리들도 때때로 그렇게 하듯이 '몸의 잔재remains of a body'라는 표현을 사용한다. 죽은 몸은 그저 명목상으로만 몸이다. 데니스 터너Denys Turner가 지적하듯이 "죽은 사람은 죽었음이라는 불운한 상태에 있는 사람"이라는 생각은 부적절하다.[4] '도서관 안의 몸'이라는 문구를 들으면 우리는 온갖 것들을 생각한 다음에야 가까스로 독서에 열중하는 사람을 떠올리는데, 이는 데카르트의 유산에서 비롯된 폐해일 따름이다. 누가 당신에게 전화를 걸어서 '조지가 거기 있나요?'라고 묻는다고 해보자. '예, 그런데 자고 있어요'라는 대답은 적절할 것이다. 반면에 '예, 그런데 죽었어요'라는 대답은 이상하게 들릴 것이다. 조지가 죽었다는 말은 그가 거기에 없다는 말과 같다. 그리고 아리스토텔레스와 아퀴나스가 보기에, 조지가 거기에 없는 이유는 그의 몸이 거기에 없기 때문이다. 비록 그의 몸의 잔재는 거기에 있더라도 말이다. 묘비는 누군가가 더는 현전하지 않는 위치를 표시한다. 조지의 물질적 잔재는 거실 바닥에 널브러져 있거나 주방 수납장 안에 처박혀 있을 수 있겠지만, 속세의 조지였던 활동적, 표현적, 소통적, 관계적, 자기의식적 몸은 거기에 더는 없다. 조지의 시체는 조지임의 또 다른 양태가 아니라 '전혀 조지가 아님'에 가깝다.

또 다른 예로 당신이 조지가 살아 있음을 알면서 전화를 걸어 '조지의 몸이 거기 있나요?'라고 묻는다고 해보자. 이 물음 역시 이상하게 들릴 것이다. 이는 그냥 찻주전자를 언급하지 않고 '찻주전자의 몸'을 언급하는 것이 이상하게 느껴지는 것과 마찬가지다.

'찻주전자의 몸'을 언급하면, 찻주전자의 물질적 조성 외에 무언가
가 찻주전자에 추가로 있다고 말하는 듯한 느낌이 든다. 마찬가지
로, '조지의 몸'은 조지에게 그의 몸 이상의 무언가가 있다는 인상
을 풍기는데, 그 인상은 사실과 다르다. 물론 우리는 흔히 그런 무
언가를 상상하곤 하는데, 이는 단지 조지가 특정 유형의—이를테
면 활동적이며 관계적이며 소통적인—몸이기 때문이다. 그러나
이 모든 것은 인간 몸에 덧붙은 속성들이 아니라 '인간 몸임'의 의
미에 속한다. 자기를 뛰어넘기^{surpass}는 인간 몸의 내재적 속성이다.
소설《맨스필드 파크$^{Mansfield Park}$》에는 인쇄된 철자 이상의 무언가가
있다. 그러나 책 페이지에 인쇄된 철자 외에 무언가(이를테면 삽화)
가 있다는 의미에서 그러한 것은 아니다.

문화주의적^{culturalist} 시대인 오늘날, 물질적 객체들은 별로 인기
가 없다. 그러나 인간은—온갖 다른 것일 수도 있겠지만—물질
덩어리, 곧 자연적 객체이며, 이보다 더 미묘하거나 섹시한 무언가
에 인간이 도달하는 것은 오직 이 맥락 안에서만 가능하다. 객체화
는 항상 유감스러운 일이 전혀 아니다. 객체화는 우리가 서로 또는
세계의 한 측면과 관계를 맺을 때마다 늘 일어난다. 사람이 구스베
리나 삽 같은 물질 덩어리와 다르다면, 그것은 사람의 내부에 어떤
신비로운 항목이 숨어 있기 때문이 아니라 사람이 매우 특수한 유
형의 물질 덩어리이기 때문이다. 정신-언어나 영혼-언어는 그 특
수성을 지목하려 애쓰지만 도리어 오해를 유발하는 편이다. 사람
은 어떤 영적인 것이 덧붙은 자연적 물질 덩어리가 아니라, 본래부

터 활동적이며 창조적이며 소통적이며 관계적이며 자기 표현적이며 자기 실현적이며, 또한 세계를 변형하고 자기를 초월하는(곧, 역사적인) 물질 덩어리다. 그리고 이 모든 것이 바로 사람의 영혼이다. 영혼-언어는 단지 이런 유형의(혹은 다른 동물의) 몸과 쇠스랑이나 소스 병의 몸을 구별하는 한 방식일 따름이다.

아리스토텔레스와 마찬가지로 아퀴나스와 비트겐슈타인은 영혼을 몸의 '형식'으로 간주한다. 즉, 몸의 생명 원리, 혹은 독특한 자기 조직화 양태로 간주하는 것이다. 이 원리나 양태는 특별히 신비로운 구석이 없다. 오히려 완벽하게 가시적이다. 타인의 얼굴에 나타난 분노는 당신이 가슴속에 품은 분노에 못지않게 선명하게 존재한다고 비트겐슈타인은 말한다.[5] 마르크스는 타인이 우리 앞에 "감각적으로 단박에 현전한다"고 말한다.[6] 당신은 타인의 슬픔이나 분노를 볼 수 있는 것과 똑같이 타인의 영혼을 볼 수 있다. 정확히 말하면, 타인의 슬픔이나 분노를 보는 것이 곧 그의 영혼을 보는 것이다. "내가 그를 대하는 태도는 한 영혼을 대하는 태도다. 나는 그가 영혼을 가졌다고 여기지 않는다"라고 비트겐슈타인은 말한다.[7] 의식이 사적이라는 선입견에 대한 반론은 이 정도로 마무리하자. 나는 타인의 머리를 총으로 쏘지 않기로 결정하기에 앞서 그가 의식이 있는 존재인지 여부를 고민하거나 하지 않는다. 비트겐슈타인의 냉소적 어투를 흉내 내서 말하면, 오직 매우 영리한 사람들만이 당신을 점심식사에 초대하기에 앞서 당신이 영혼을 가졌는지 여부를 점검한다. 비트겐슈타인이 적절히 미심쩍게 여긴 단어인 '의식'을 써서 이야기하면, 우리 의식이 우리 몸에 새겨져 있는 방식은 의미가 단어에 현전하는 방식과 유사하다. 군인이 탱크 안에 웅크리고 있는 것처럼 우리가 우리 몸 안에 현전하는 것은 아니다. 이런 의미에서 몸은 일종의 기호다. 장 뤽 낭시가 지적하듯이, 몸은 몸이 아닌 어떤 실재의 기호가 아니라 "몸 자신의 기호"다.[8]

이런 반反이원론 사상은, 우리가 우리 자신의 경험은 항상 확실히 아는 반면에 타인들의 경험은 추측해야 하거나 타인이 느끼는 바를 그의 행동으로부터 추론해야 한다는 생각을 부정하기 마련이다. 오히려 정반대로, 우리가 현재 우리 자신의 느낌은 확실히 알지 못하면서(나의 느낌은 불안일까, 아니면 짜증일까?) 타인이 겪는 바는 완벽하게 확실히 아는 경우가 종종 있다. 이를테면 타인은 방금 오른 다리에 총을 맞았기 때문에 저렇게 고통스러운 비명을 지르는 중이다. 우리는 그가 속수무책으로 몸부림치는 것을 보고 그가 고통을 느낀다고 '추론'하지 않는다. 이는 '미소나방 microlepidoptera' 이라는 단어를 익히 아는 독자가 그 단어를 접할 때 그것이 오직 전문가들만 관심을 기울이는 작은 나방들을 뜻한다는 것을 추론하지 않는 것과 마찬가지다. 거의 모든 경우에 우리는 물리적 기호에서 내적인 의미로 머뭇머뭇 더듬거리며 나아가지 않는다. 물리적 기호와 내적인 의미는 몸과 영혼처럼 함께 주어진다. 물론 기호의 의미가 항상 자명하지는 않은 것과 마찬가지로, 우리의 행동도 항상 눈부실 만큼 투명하지는 않다. 수수께끼 같은 행동, 모호한 행동, 이도저도 아닌 행동, 난감한 해석의 문제가 얼마든지 있을 수 있다. 그러나 이것은 우리가 하는 행동의 의미가 사적이거나 우리 행동 속에 너무 깊이 묻혀 있어 쉽게 캐낼 수 없기 때문이 아니다. 행동의 의미는 전혀 행동 속에 묻혀 있지 않다.

감정은 우리의 욕구, 관심, 목표, 의도 등과 연결되어 있고, 이 것들은 우리가 참여하는 공적 세계와 연결되어 있다. 이런 감정이 우리의 '내부'에 있다는 표현은 때때로 유용하지 않을 수 있다. 울부짖기, 고함지르기, 술병으로 사람의 머리를 내리치기는 내면적인 사태가 아니다. 물론 우리는 우리의 생각이나 느낌을 감출 수 있다. 그러나 이것은 가식적인insincere 행동과 마찬가지로 우리가 학습해야 하는 복잡한 사회적 행동이다. 아기들이 자기 기저귀가 젖었거나 배가 고프다는 사실을 숨길 수 없다는 점은 약간 불편한 자연의 이치다. 침팬지는 틀린 정보라는 것을 스스로 알면서도 그 정보를 전달할 수 있다는 의미에서 거짓말을 할 수 있지만 할리우드 유명인들이나 미국 중앙정보국 대변인들처럼 가식적일 수는 없다. 왜냐하면 가식은 자신의 실제 느낌과 어긋나는 외관을 유지하는 것을 포함하고, 그런 복잡한 행동은 언어 자원들을 필요로 하기 때문이다. 그러나 침팬지가 터무니없이 위선적인 행동을 할 수 없다는 말은 침팬지에 대한 전폭적인 찬사가 아니다. 왜냐하면 가식적일 수 없는 존재는 진실할 수도 없기 때문이다. 속마음을 그대로 말하는 것은 속마음을 말하지 않을 수 있는 존재에게만 가능하다.

비트겐슈타인의 관점에서 생각해보면, 만일 모든 사람이 항상 감정과 느낌을 숨긴다면, 우리는 감정과 느낌을 가리키는 명사들을 배울 수 없을 것이다. (일부 사람들은 이 진실의 예외로 영어를 꼽는다.) 자신의 감정을 행동으로 표출하는 사람이 아무도 없다면—슬픔만 있고 슬픔 행동은 없다면—인간의 감정에 대한 논의는 시작조차 될 수 없을 것이다. 우리의 느낌과 우리의 신체적 표현 사이에는 필연적 관계가 있다. 슬픔 행동은 '슬픔'이라는 단어 사용의 적절함을 판정하는 기준이며, 우리가 그 단어의 의미를 파악하는 방식의 일부다. 또한 나는 그 단어의 공적인 용례들을 접함으로써 나 자신의 특정 느낌이 그 감정 범주에 속한다는 것을 알아챌 수 있다. 만일 슬픔 느끼기와 슬픔 행동 사이의 관계가 순전히 우연적이라면, 바닥에 털썩 주저앉아 울부짖는 사람들도 제각각 전혀 다른 경험을 겪는 중일 수 있고, 우리는 공통의 심리언어를 가지지 못할 것이다. 이런 의미에서 몸은 우리를 사적 의미와 외톨이 자아라는 거짓 신들로부터 구원하는 일에 기여한다.

우리는 트랙터와 헤어드라이어가 영혼을 가지지 않았다는 사실을 간단히 그것들이 어떤 행동을 하는지(혹은 하지 않는지) 봄으로써 알 수 있다. 그 사실을 확인하기 위해 그것들의 내부를 들여다볼 필요는 없다. 따지고 보면, 그것들이 영혼을 가지지 않았다는 주장은 그것들이 그런 내부를 가지지 않았다는 주장과 다르지 않다. 그 주장은, 주디 덴치의 행동에서(린제이 로한의 행동에서는 덜 명확하게)* 표출되는 복잡한 깊이를 트랙터와 헤어드라이어가 가

---

* 주디 덴치는 영국의 원로 배우이고, 린제이 로한은 미국의 영화배우이자 가수이다.

지지 않았다는 뜻이다. 하지만 유념해야 할 점이 있다. 주디 덴치가 복잡한 깊이를 지녔다면, 그것은 그녀가 마치 날 때부터 손가락 하나가 없거나 어깨에 반점이 있는 사람처럼 그런 깊이를 가지고 태어났기 때문이 아니라 특정한 실천적 삶꼴에 참여해온 덕분이다. '의식'이란 바로 그런 참여이며, 그 이상도, 그 이하도 아니다.

영혼(또는 자아)이 몸과 별개라면, 영혼을 몸의 주권적 주인으로 오해할 가능성이 항상 열려 있게 된다. 반면에 영혼을 몸의 형식으로 보면, 우리와 우리 몸 사이의 관계를 소유 관계로 간주할 수 없다는 생각을 하게 된다. 그 이유를 이해하기 위해 우선 이런 질문을 던져보자. 누가 몸을 소유할까? 낙태를 옹호하는 훌륭한 논증들이 있을 수 있겠지만, 개인의 몸은 개인의 사유물이므로 각자 원하는 대로 처분할 수 있다는 믿음을 내세우는 것은 훌륭한 논증이 아니다. 나는 내 몸을 제작하지 않았다. 나는 내 살을 타인들에게서 얻었다. 마르크스는 이렇게 말한다. "개인들은 확실히 신체적 정신적으로 서로를 만들지만 자기 자신을 만들지는 않는다."[9] 물론 개인이 자기 몸을 사용한다는 말을 할 수 있기는 하다. 사뮈엘 베케트의 소설 속에서 말론은 "만약에 나에게 내 몸의 사용권이 있다면, 내 몸을 창밖으로 내던질 텐데"라고 속으로 음울하게 말한다. 나는 헌신적으로 팔다리를 뻗고 냇물 위에 엎드려 당신이 빅토리아 베컴 치마를 적시지 않으면서 내 등뼈를 밟고 건너갈 수 있게 해줄 수도 있을 것이다. 그러나 사람이 자신의 몸을 몸 바깥의 지배자나 소유자의 관점에서 도구로 사용하는 경우는 없다. 장 자크

루소는, 우리가 우리 자신의 주인이 아니라는 사실이 우리의 자율을 가능케 한다고 약간 역설적으로 주장한다. 자아가 우리 소유가 아니라면, 우리는 우리의 자아를 타인에게 양도할 수 없다. 뿐만 아니라, 우리가 우리 자신의 주인이라면, 우리는 또한 우리 자신의 노예라는 결론이 나온다.

내가 전화나 이메일로 당신과 소통하는 것은, 내가 당신 앞에 몸소**bodily** 현전하는 것이다. 비록 물리적으로 그러한 것은 아니지만 말이다. 물리적 현전은 동일한 물질적 공간의 공유를 포함할 것이다. 내 몸이 관여하지 않는 활동은 내가 관여하지 않는 활동이다. 생각하기는 마시기에 못지않게 신체적이다. 토마스 아퀴나스는 신체의 관여가 적은 행동일수록 더 존경할 만하다는 플라톤적 선입견을 배척한다.[10] 아퀴나스가 보기에 우리 몸은 우리의 모든 활동의 본질적 요소다. 아무리 '정신적인' 혹은 고결한 활동이라도 예외가 아니다. 아퀴나스가 보기에 우리는 머리부터 발끝까지 동물이다. 머리는 빼고 목부터 그 아래쪽으로만 동물인 것이 아니다. 물론 확실히 우리는 사회적, 이성적, 역사적 존재이기도 하다. 그러나 유물론이 강조하는 바는 우리가 독특한 동물적 방식으로 사회적, 이성적, 역사적이라는 것이다. 이 속성들은 동물성의 대체물도 아니고 부속물도 아니다. 역사, 문화, 사회는 동물성을 초월하는 방식들이 아니라 동물성의 특수한 양태들이다. 동물적인 몸들은 본래 자기 초월적이다.

요컨대 '정신' 또는 '영혼'은 특정 동물 종이 어떻게 생겨먹었는지를—그 종이 살아 있는 독특한 방식을—서술하는 한 방식이다. 이렇게 이해하면, 몸에서 영혼으로의 이행은 아무 문제도 아니다. 동물에 대해서 '몸'을 이야기하는 것은 이미 '영혼'을 이야기하는 것이니까 말이다. 알래스데어 매킨타이어의 말마따나 "세계에 대한 우리의 최초 신체적 처신 전체는 원래 동물적 처신"이며,[11] 이 사태는 우리가 나중에 언어를 습득하더라도 청산되지 않는다. 아퀴나스는 인간의 합리성이 동물적 합리성이라고 가르친다. 우리는 물질적 동물로서 생존하고 번성하기 위해서 이성의 능력을 발휘할 필요가 있다. 우리는 육욕肉慈을 지녔기 때문에 인지 능력을 지녔다. 니체도 그렇게 생각했다. 한편, 마르크스는 우리의 "감각적 의식"을 거론한다.[12] 우리의 사고가 시간 안에서 전개된다는 의미에서 순차적discursive이라면, 그것은 우리의 감각적 삶이 순차적이기 때문이다. 몸이 없는 천사들은 사정이 다르다. 실제로 아퀴나스는 천사를 합리적 존재로 전혀 간주하지 않는다. 그렇다고 아퀴나스가 대천사 가브리엘은 제정신이 아니라고 주장하는 것은 아니다. 그의 취지는 다만, 합리성에 관한 언어놀이language-game를 오이절임 병에 적용할 수 없는 것과 마찬가지로 대천사 가브리엘에도 적용할 수 없다는 것이다. 반면에 존 밀턴은 견해가 다르다. 그는 천사가 몸을 가졌으며 천사들이 성행위를 할 때 그 몸들이 완전히 융합한다고 여긴다.

인간의 정체성은 신체적인 사안이다. 아퀴나스는 몸을 벗어난 마이클 잭슨의 영혼이 존재한다고 믿었겠지만, 그 영혼을 마이클 잭슨으로 간주하지 않았을 것이다. 그 영혼은 말하자면 보편 부활 general resurrection의 날에 몸으로 변환됨으로써 다시 그 자신이 되기 위해 대기 중인 마이클 잭슨이다. (여담이지만, 비트겐슈타인은 죽음의 순간에 영혼이 몸을 '떠난다'는 생각을 비웃는다. 어떻게 비물질적인 것이 물질적인 것을 떠날 수 있단 말인가? 또한 그는 내가 죽으면 영원이 시작되리라는 생각이 터무니없다고 지적한다. 어떻게 영원이 시작될 수 있단 말인가?) 자아를 몸을 벗어난 영혼으로 보는 관점이 초래하는 위험들 중 하나는, 그런 관점을 취하면 타인들을 영혼 없는 몸으로 취급하는 데 거리낌이 없어질 가능성이 있다는 것이다. 만일 몸이 영혼 없는 물질 덩어리에 불과하다면, 빈번한 성매수나 노예 노동 착취는 그릇된 행동이 아니다. 많은 노예 소유주가 의심해온 대로 노예는 애당초 영혼이 없다고 전제하면, 노예 노동 착취는 어느 누구의 영혼에도 해를 끼치지 않는 행동이다. 토머스 하디의 소설에 나오는 테스 더비필드의 몸은 타인들에게 성적인 목적과 경제적인 목적으로 약탈당한다. 결국 그녀는 자신을 그 수난으로부터 완전히 분리하는 자포자기의 전술에 의지한다. 그 수난을 "그녀의 삶의 의지"(하디의 표현)로부터 잘라내는 것이다. 자신의 몸을 낯선 부속물로 느끼는 증상을 동반하기도 하는 조현병은 약탈적 세계에서 피해자의 마지막 생존 전략일 수 있다.

아퀴나스에게 '영혼'은 단지 한 동물이 특수하게 조직화되어 있는 방식을, 그 동물이 다른 유기체들과 어떻게 다른가를 가리키는 단어일 뿐이다. 훗날 마르크스도 이 견해에 동의하게 된다. 이를 감안하면, 차이와 특수성을 옹호하는 사람들의 대다수가 이 견해에 무관심하다는 것은 역설적인 일이다. 마르크스에 따르면 "한 종의 생명 활동의 본성 안에 그 종의 특성 전체가 깃들며, 인간의 유적 특성은 자유롭고 의식적인 활동이다".[13] 그러므로 이 책을 읽는 독자들 중에 비교적 다정한 분들은 이 이야기에 기뻐할 텐데, 오소리는 영혼이 있다. 왜냐하면 오소리는 독특한 형태의 물질적 실존을 누리니까 말이다. 물론 오소리의 영혼은 민달팽이의 영혼이나 미국 공화당원의 영혼과 다르다. 하지만 오소리나 사람이 영혼을 '지녔고' 그 영혼이 몸과 '통합되어 있다'는 생각은 아퀴나스를 불편하게 만든다. 그는 바로 이런 유형의 플라톤주의를 반박했고, 이 때문에 교회의 권위와 갈등을 겪었다. 모리스 메를로퐁티의 말마따나 "몸과 영혼의 통합은 서로에게 외적인 두 항, 곧 주체와 객체가 임의적인 결정에 따라 합병하는 것이 아니다. 그 통합은 존재의 운동 속에서 매순간 일어난다".[14] 우리의 삶은 그 두 항 사이의 차이를 해체한다deconstruct. 그렇다고 반드시 그 두 항이 융해되어 조화를 이룬다는 뜻은 아니다. 우리가 이미 보았듯이, 표현적인 몸은 자기를 객체화하는 능력을, 자신의 살이 어느 정도 제어 불가능하고 불투명하다는 의식을 가진다. 하지만 우리는 몸을 벗어난 어떤 지점에 발 딛고 서서, 몸이 정신에 저항하는 것을 느낄까? 단언하건대, 전혀 그렇지 않다.

✑

이처럼 기독교 신학자들을 통틀어 가장 위대한 인물의 하나인 토마스 아퀴나스는 어떤 의미에서 순수 혈통의 유물론자다. 이것은 그리 놀랄 일이 아니다. 왜냐하면 기독교 자체가 어떤 의미에서 유물론적 신앙이기 때문이다. 성육신成肉身, incarnation 교리는 신이 동물이라는 뜻을 담고 있다. 성찬식에서 신은 일상적인 물질인 빵과 포도주 안에, 세속적인 일인 씹기와 소화하기 안에 임한다. 구원은 일차적으로 숭배와 예식에 관한 문제가 아니라 굶주린 자를 먹이고 병든 자를 보살피는 것에 관한 문제다. 예수는 사람의 손상된 몸을—또한 흐트러진 정신을—건강하게 회복시키는 일에 많은 시간을 쓴다. 사랑은 정신적 감정이 아니라 육체적 실천이다. 사랑의 모범은 낯선 사람과 적에 대한 사랑이며, 이 사랑은 그리 따스하고 찬란하지 않을 가능성이 높다. 비트겐슈타인은 "사랑은 느낌이 아니다"라고 도발적으로 말한다. 하지만 그가 자선은 익명으로 베푸는 것이 적절함을 염두에 두고 이 말을 하는 것은 아니다.[15] 그의 취지는, 사랑은 마치 통증처럼 8초 동안만 느끼고 말 수도 있는 무언가가 아니라는 것이다. "그건 통증이었을 리 없어. 통증이었다면 이렇게 빨리 사라지지 않았을 테니까"라는 말은 이치에 맞지 않는다. 그러나 사랑에 대해서는 그렇게 말하는 것이 이치에 맞는다. 당신이 누군가를 격하게 사랑한다면, 고양이를 실외에 내놓는 데 걸리는 시간 동안만 그렇게 할 수는 없다. 사랑은 성향적이고 상황적이며 특정한 맥락과 이야기로부터 떼어낼 수 없다. 아무튼, 물론 비트겐슈타인은 기독교의 복음을 염두에 두고 이 말을 하는 것이 아니지만, 기독교의 복음은 "사랑은 느낌이 아니다"라는 말을 옹호할 것이 더없이 확실하다.

기독교에서 물질은 축복받은 존재다. 왜냐하면 물질은 신의 창조물이기 때문이다. 제임스 조이스는 아퀴나스 추종자였다. 그의 소설 《율리시스Ulysses》에서는 물질적인 것이라면 그 무엇도 생경하지 않다. 어떤 의미에서 그 작품은 토마스 철학을 담은 문헌이다. 기독교는 영혼의 불멸이 아니라 몸의 부활을 믿는다. 사도바울이 보기에 두 몸의 성적인 결합은 신의 왕국을 미리 맛보게 한다. 성령은 어떤 성스러운 유령이 아니라 세상을 부수고 변형하는 역동적인 힘이다. 신앙은 외톨이 정신 상태가 아니라 교회라는 실천적 공통체적 삶꼴에 동참하는 것에서 유래하는 확신이다. 고결한 그리스인들이 보기에 기독교 신앙은 흔해빠진 삶과 밀교적 사상을 경쟁시키고 낮은 자를 드높이고 강한 자를 권좌에서 쓰러뜨리는 어리석음, 카니발 같은 것이다. 기독교 신앙의 핵심은 이론적 명제들의 집합이 아니라 '죽음에 뛰어들기commitment to the death'다. 심지어 기독교를 인류에게 닥친 최대 재앙으로 여기는 프리드리히 니체조차도, 기독교를 "무언가가 참이라는 주장으로, 한낱 의식 현상"으로 환원하는 것은 기독교를 희화화하는 것이라고 생각했다.[16] 기독교의 중심에는 부자와 권력자를 맹비난하고 사기꾼과 창녀와 어울리는 하찮은 떠돌이 예수가 있다. 그가 가난한 자들과 연대하는 것이 엘리트 성직자와 정치가에게는 손톱 밑의 가시와 같기 때문에,

결국 그는 로마 제국의 권력이 정치적 반역자에게 내리는 끔찍한 사형을 당했다.

아퀴나스의 물질관은 기계적 유물론자들의 물질관보다 더 미묘하다. 데니스 터너가 지적하듯이, 아퀴나스는 "한마디로 그들[기계적 유물론자들]은 물질을 그리 잘 알지 못한다면서" 물질적 유물론에 반발한다.[17] "물질 그 자체는 오늘날 평균적인 유물론자의 눈에 띄는 것보다 훨씬 더 많은 것을 보유하고 있다"[18]라고 터너는 지적한다. 그에 따르면, 아퀴나스에게 인간은 "또박또박한articulate 물질, 말하는 물질"이다.[19] 터너는 이렇게 푸념한다. "오늘날의 유물론자들은 존재하는 모든 것은 물질이며 물질은 말이 없고 무의미하며 모든 의미는 물질에 **관한** 이야기고 말하는 물질은 없다고 믿는다."[20]

요컨대 몸은 유의미한 물질이다. 딩고*의 몸도 그렇고, 사람의 몸도 그렇다. 실천적 지능의 대부분은 신체적 지능이다. 아직 말을 배우지 못한 꼬마도 장난감을 쥐려고 손을 뻗으며, 그 몸짓은 본래적으로 유의미하다. 그 몸짓은 우리의 살 자체에 새겨져 있는 신체적 선先언어적 의미작용의 층에 속한다고 할 만하다. 마치 소매에 안감이 붙어 있듯이, 그 몸짓에 의미가 붙어 있다. 의미가 물질적 몸짓에 내장되어 있는 것이다. 이것은 관찰자가 그 몸짓을 어떻게 해석하느냐의 문제가 아니다. 또한 그 꼬마 자신의 생각에 관한 이

• 오스트레일리아에서 야생화한 들개.

야기도 아니다. 왜냐하면 그 꼬마는 자신의 생각을 진술할 수단이 없으니까 말이다. 하지만 몸이 또박또박한 물질이라면, 호스나 정원 장식용 요정 인형도 마찬가지가 아닐까? 호스는 당연히 말하는 능력이 없지만 유의미한 구조를 가졌다는 의미에서 약간은 또박또박한 물질이다. 그러나 호스를 설계하는 주체, 그 말 없는 고무와 금속에 의도를 새겨넣는 주체, 특정한 기능을 수행하도록 호스의 모양을 빚는 주체는 사람이다. 아무튼, 사람의 몸은 단지 의미가 새겨져 있는 것만이 아니다. 정원의 요정 인형과 달리, 사람의 몸은 의미의 원천이기도 하다.

아퀴나스가 보기에 물질은 개별화의 원리다. 당신을 다른 누군가가 아니라 바로 당신으로 만들어주는 것은 공교롭게도 당신인 그 특수한 물질 덩어리다. 실제로 '몸body'은 '개인person'을 가리키는 구식 용어일 수 있다. 이를테면 '그 가정부는 상냥하고 눈동자 색깔이 밝으며 자그마한 몸이었다The housekeeper was a neat, bright-eyed little body'라는 표현에서 그러하다. 이런 예스러운 표현들은 개인에 대한 비非데카르트적 견해가 여전히 살아 있음을 보여준다. 그러나 위 표현은 오해를 유발할 소지가 약간 있다. 왜냐하면 인간 몸을 가지기는 개인이기 위한 조건이지만 개인이기와 같은 의미는 아니기 때문이다. 몸은 주어지는 반면, 개인으로 되기는 험난한 역사적 프로젝트다. 그 프로젝트는 탁월하게 수행될 수도 있고, 형편없게, 또는 그저 그렇게 수행될 수도 있다. 하지만 아퀴나스가 보기에 내가 나자신인 것은 내가 어떤 일반적인 유형의 몸이나 영혼을 가졌기 때문이 아니라 나를 이루는 특수한 살덩어리 때문이라는 점은 엄연한 사실이다. 특수한 살덩어리가 종의 한 구성원을 다른 구성원으로부터 구별 짓는다. 인간 영혼들이 서로 다르다면, 이는 그 영혼들이 상이한 몸들을 살아 움직이게 하기 때문이다. 그러나 우리를 개별화하는 그것은 또한 우리를 하나로 모은다. 인간 몸을 지니는 것은 같은 유형의 다른 동물들과 맺은 연대의 한 형태를 누린다는 것이다.

아퀴나스는 신체적 유물론자일 뿐만 아니라 인식론적 유물론자다. 그가 보기에 우리의 지식 전체는 우리가 물질적 실재에 관여하는 것에서 유래한다. 예컨대 신에 관한 논의는 세계에 대해서 우리가 아는 바로부터 유비적으로 도출된다. 아퀴나스의 주장대로 비유가 인간에게 가장 적합한 논의 양태라면, 이는 비유가 의미를 감각적 양태로 주조하기 때문이다. 육체적 유형의 존재인 우리는 감각적 양태를 가장 친숙하게 느낀다. 그러나 이렇게 감각을 중시하면서도 아퀴나스는, 정신은 이른바 감각자료를 수동적으로 받아들이는 그릇에 불과하다는 경험론자들의 주장에 동조하지 않는다. 정반대로 그는, 지성은 실재를 능동적으로 이해하며 따라서 지성의 활동은 그 자체로 실천의 한 형태라고 가르친다.

이 대목에서 아퀴나스와 마르크스의 인식론적 유사성을 주목할 필요가 있다. 아퀴나스는 '감각자료(감각에 주어진 것)'를 복합적 구체적 전체인 우리의 경험으로부터 떼어낸 추상물로 본다. 데니스 터너의 설명을 빌리면 "지성은 이해하기 활동을 하면서 감각들

각각의 '추상적' 경험을 한데 모으고 그럼으로써 구체적이며 조밀하며 유의미한 실재를 파악한다".[21] 이와 유사하게 마르크스는 《정치경제학 비판 요강Grundrisse der Kritik der politischen Ökonomie》에서 인간의 이해는 추상적인 것에서 구체적인 것으로 '상승한다'고 쓴다. 통상 우리는 추상적인 것을 고귀하고 심오하게 여기고 구체적인 것을 단순하고 평범하게 여기지만, 아퀴나스와 마르크스는 이 대립 관계를 거꾸로 뒤집는다. 마르크스에게 사고는 '돈'과 같은 (그가 보기에 단순한 관념들인) 추상적 범주들에서 출발하여 그것들을 역사적 생산 양태와 같은 복합적 실재로 종합하는 쪽으로 나아간다. 진정으로 구체적인 것은 그 복합적 현상이다. '구체적concrete'이라는 단어의 글자 그대로의 뜻은 다양한 특징들의 수렴이다.

악어도 유의미한 물질이다. 이성(추론 능력)은 인간에게만 국한되지 않는다. 아퀴나스가 기꺼이 인정하듯이, 다른 동물들도 이성의 능력을 발휘할 수 있다. 한마디로 아퀴나스에게 동물임은 합리적임이다. 이성reason은 다름 아니라 동물 형태의 생명에 고유한 능력이며 이를테면 천사의 지성intellect과 대조를 이룬다. 울프하운드*는 믿음과 이성을 행동의 지침으로 삼을 수 있다. 은행 예금계좌를 개설하거나 소녀 단체 '걸 가이드Girl Guides'에 가입할 수야 없겠지만, 확실히 울프하운드는 주인이 산책을 시켜줄 가망이 없으므로 힘을 낭비하지 말고 짖기를 멈추는 편이 더 낫겠다는 결론을

• 초대형 개 품종.

내릴 수 있다. 그러나 울프하운드의 이성은 대체로 직접적 환경에 국한된다. 걸음마를 배우는 아기도 마찬가지다. 그런 아기도 추론할 수 있지만 아인슈타인의 물리학처럼 찬란한 결론에 도달할 수는 없다. 아기와 마찬가지로 개도 자신의 행동을 비판적으로 평가할 수 없다. 그런 자기 감시self-monitoring는 오직 언어만 제공할 수 있는 유형의 자기반성self-reflexivity을 필요로 한다. 간단히 말해서 아기와 개는 도덕적 동물일 수 없다(신도 마찬가지다. 존중할 만한 신학자라면 누구나 신을 도덕적 존재로 간주하지 않을 것이다). 아기는 자신이 태어나지 않았더라면 더 나았을까, 라는 질문을 던질 수 없는 반면, 더 성장한 형제들은 그 질문에 대해서 개인적인 대답을 제시할 가능성이 충분히 있다. 어미 새는 새끼들을 먹이라고 명령하는 본능에서 벗어나도록 자신을 설득할 수 없다. 어미 새는 불현듯 육아 프로젝트 전체의 실존적 허망함을 깨닫고 둥지를 떠나 바하마로 날아갈 수 없다.

아퀴나스가 보기에 인간과 다른 동물들 사이의 차이는 인간이 감각적 동물일 뿐 아니라 언어적 동물이라는 점에 있다. 이것이 인간적 합리성의 주된 특징이다. 우리의 감각은 언어에 의해 매개되는 반면, 달팽이의 감각은 그렇지 않다. 무엇보다도 이 특징 덕분에 우리는 어느 정도 자기 거리self-distance를 확보할 수 있고 따라서 비판적 자기반성을 할 수 있다. 돌고래의 신호 시스템들은 괄목할 만큼 복잡하다. 그러나 프루스트의 작품들 앞에서 그 시스템들이 빛 바래는 것을 느끼지 않기는 어렵다. 언어는 우리가 서로를 단지 물리적으로 인접해 있을 때보다 더 친밀하게 느낄 수 있게 해준다.

밤늦게까지 속삭이는 연인들은 그저 섹스하는 연인들보다 더 친밀하다. 그러나 똑같은 이유에서, 언어적 동물은 비언어적 동물보다 훨씬 더 파괴적일 수 있다. 다람쥐들은 집단 학살을 저지를 수 없다(다람쥐들이 아주 은밀하게 집단 학살을 저지르고 있을 희박한 가능성은 배제하자). 다람쥐들의 사고는 뼈에서 떨어진 거리가 너무 가까워서 집단 학살을 가능케 할 수 없다. 그러나 대체로 같은 이유에서 다람쥐들은 오페라 〈돈 조반니〉를 창작할 수 없다. 조르조 아감벤은 《열려 있음 L'aperto》에서 인간성의 요체는 인간 자신의 동물성을 멀리하기, 정복하기, 파괴하기라고 주장한다. 그러나 그는 어떻게 그러한 자기 객체화 self-objectifying 가 재앙의 원인뿐 아니라 가치의 원천도 될 수 있는지에 대해서 충분히 이야기하는 데 실패한다.[22]

잘 알려진 대로, 비트겐슈타인은 《철학적 탐구》에서 다음과 같이 단언한다. "설령 사자가 말할 수 있더라도 우리는 그 말을 이해하지 못할 것이다."[23] 사자 언어에 능통한 통역가가 최첨단 헤드셋을 착용하고 우리를 돕는다면 사자의 말을 알아들을 수도 있지 않을까? 비트겐슈타인은 그럴 수 없다고 생각한다. 그가 보기에 사자의 물질적 삶꼴은 우리의 그것으로부터 터무니없이 멀리 떨어져 있기 때문에 우리와 사자 사이의 대화는 불가능하다. 자기 고유의 생리학 때문에 사자는 세계를 우리가 하는 방식으로 조직화하지 않는다. 이와 유사하게 《권력을 향한 의지 Der Wille zur Macht》에서 프리드리히 니체는 다른 동물들은 우리의 생활권과 전혀 딴판인 생활

권들에 거주한다고 여긴다. 따라서 그는 펭귄에게 말을 거는 일에 관심을 보이지 않는다. 아퀴나스와 마찬가지로 니체는 우리의 사고방식이 지금 이대로인 것은 우리가 지닌 몸의 유형 때문이라고 믿는다. 몸의 유형이 달랐다면 우리는 다른 유형의 세계를 마주했을 것이다. 그러나 다양한 동물의 영역들이 서로 통약 불가능하다고 여긴 것은 비트겐슈타인의 오류일 가능성이 있다. 예컨대 알래스데어 매킨타이어는 만일 돌고래가 말할 수 있다면 돌고래의 삶에 익숙한 전문가는 그 말을 충분히 이해할 수 있을 것이라고 주장한다.[24] 마르틴 하이데거도 우리의 세계와 비언어적 동물들의 세계가 어느 정도 겹친다고 여긴다. 이 생각을 그는 "개는 …… 우리와 함께 계단을 올라간다"라는, 왠지 거창한 말로 요약한다.[25] (하이데거를 읽다보면 웃음을 참을 수 없을 때가 종종 있다. 보라, 그는 특유의 예언자스러운 말투와 장황한 문장으로 계단을 오르는 개를 언급한다.)

우리와 짐승들 사이의 차이가 무엇이든 간에, 우리의 추론 형식들은 우리의 동물적 본성 안에 깊이 내장되어 있다는 것이 아퀴나스의 견해다. 그는 일부 사람들의 생각과 달리 건조한 합리주의자가 전혀 아님을 이 견해에서도 알 수 있다. 우리의 사고는 우리의 감각적 감정적 실존과 얽혀 있기 때문에 똑똑한 컴퓨터의 '사고'와 다를 수밖에 없다. 컴퓨터의 '정신'과 얽힐 감각적 삶이나 감정적 삶은 존재하지 않는다. 반면에 인간이 삶에서 가장 먼저 접하는 좋은 것들은 따뜻함, 잠, 건조함, 모유, 인간과의 접촉, 불편함 없음 등의 물질적이고 감정적인 것들이다. 이 소박한 뿌리에서 양육자에 대한 아기의 말없는 고마움이 자라고, 그 고마움이 도덕의 온상이 된다. 우리는 살과 피로 된 이 토대 위에서 결국 사고에 도달하며, 그 토대는 계속해서 우리의 사고를 떠받칠 것이다. 그러나 우리가 충분히 정교하게 사고하면 이 물질적 감정적 기반구조를 간과하게 될 수 있다는 것도 사실이다. 그런 상태를 통상적으로 일컬어 철학이라고 한다.

이성의 작동은 우리의 실천적 프로젝트들과 엮여 있지만, 그 프로젝트들 자체는 순수하게 이성적이지 않다. 모든 인간 활동의 최종 목표는 행복 혹은 안녕well-being이다. 그런데 행복을 성취하는 방법에 관한 고된 학습은 물론 이성과 관련이 있지만, 행복을 이성으로 환원할 수는 없다. 이는 이성이 냉담하고 무감정적이기 때문이 아니다. 이성적이라 함은 상황을 있는 그대로 보려 애쓴다는 것이며, 이는 우리의 관점을 우리의 고유한 나르시시즘과 이기심 위로 높이는 일을 포함하는 매우 어려운 기획이다.[26] 또한 이성적이려면 참을성, 집요함, 지략, 정직, 겸손, 실수를 인정하는 용기, 타인에 대한 신뢰, 진통제 구실을 하는 상상과 자위自慰적 환상에 대한 거부, 우리의 이익에 반할 수도 있는 것을 받아들이는 자세 등이 필요하다. 이런 의미에서 객관성은 도덕적 사안이다. 객관성은 피도 눈물도 없는 초연함이 전혀 아니다. 정반대로 합리성은 우리에게 이롭다. 심지어 합리성은 우리의 생존이 달린 문제일 수도 있다. 상황의 진상을 향해 마음을 연다는 것은 사심 없는 관심을 보인다는 것이며, 분주한 자아 너머에 놓인 것에 사심 없는 관심을 기울이는 활동을 전통적으로 일컬어 사랑이라고 한다. 이런 의미에서 사랑과 앎은 동맹 관계이며, 이 사실은 타인에 대한 앎에서 가장 명확하게 드러난다. 우리는 오직 타인의 자발적인 자기 공개를 통해서만 타인을 알 수 있다. 그런 자기 공개는 신뢰와 관련이 있고, 신뢰는 일종의 사랑이다.

생각과 마찬가지로 감정도 합리적이거나 비합리적일 수 있다. 감정은 대상의 본성에 적합할 수도 있고, 이를테면 감정 과잉 상태에서처럼 대상의 본성에 부적합할 수도 있다. 사랑하는 사람의 죽음을 애도하는 것은 합리적이지만, 애완용으로 키우던 햄스터가 숨을 거두자 절벽에서 투신자살하는 것은 비합리적이다. 하지만 이성이 감정의 밑바닥까지 도달하는 것은 아니다. 당신이 누군가를 사랑하는 이유를 댈 수 없을 경우, 당신이 그를 사랑한다는 것을 당신 자신이 어떻게 아는지 이해하기 어렵다는 것은 분명한 사실이다. 당신이 어떤 여자를 사랑한다면, 당신은 그 이유를 댈 수 있어야 마땅하다. 이를테면 그녀가 돈이 어마어마하게 많다는 것, 그녀와 비교하면 케이트 윈즐릿은 킹콩처럼 보인다는 것, 그녀가 무기력하고 자기도취적인 남자에게 놀랄 만큼 관용적이라는 것 등이 그 이유일 수 있을 것이다. 그러나 이 모든 것에도 불구하고, 사랑과 이성의 동맹은 완전하지 않다. 생각해보라. 당신이 사랑하는 그녀를 사랑하지 않는 제삼자는 당신이 대는 이유를 듣고 당신의 이성의 힘에 감탄할 수도 있을 것이다. 사랑과 안녕은 궁극적으로 이성을 초월한다. 그러나 이성을 내팽개치면 사랑과 안녕은 침몰

한다. 신앙과 이성의 관계에 대해서도 똑같은 말을 할 수 있다.

실천적 감각적 실존에 기초하지 않은 합리성은 단지 결함만 있는 것이 아니다. 그런 합리성은 실은 전혀 합리적이지 않다. 리어 왕이 깨닫듯이, 감각에서 분리된 이성은 일종의 광기다. 감각적 실존에 기초한 이성을 감각적 이성$^{sensuous\ reason}$이라고 부를 수도 있을 텐데, 그런 이성을 가리키는 명칭 하나는 미학적^{aesthetic} 이성이다. 이 명칭은 예술에 관한 논의가 아니라 몸에 관한 논의에서 처음 등장한다.[27] '미학적 이성'이라는 용어는 상당히 냉정한 계몽적 이성이 감각의 논리를 포용하기 위해서 벌이는 노력을 대표한다. 근대 미학은, 몸을 초과 화물처럼 여겨 축출할 위험이 있는 합리성의 한 형태 안으로 다시 몸을 밀반입하는 시도로서 탄생한다. 이성과 감각은 무엇보다도 예술 활동에서 생산적으로 협동한다. 그러나 미학은 계몽사상의 일반적 통념과 달리 이성의 보충물에 불과하지 않다. 자신의 원천이 감각적 삶임을 인정하지 않는 이성은 애당초 제대로 된 이성일 수 없다. 인간 특유의 이성은 삶의 필요와 제약에 반응하는 이성이다.

이성과 미학의 관계에 대해서 추가로 이야기할 것이 있다. 예술 활동은 아리스토텔레스가 '프락시스*'라고 부르는 것의 모범이기도 하다. 프락시스란 내재적으로 좋은(본래적으로 가치를 지닌) 활동을 뜻한다.[28] 당신이 조슈아 벨**만큼 재능이 있지 않다면, 바이올린 연주 자체에 내재하는 성취 이상의 성취를 위해 바이올린을 연주하는 것은 부질없는 짓이다. 연주 자체에 내재하는 성취를 위한 연주는 자기 정초적, 자기 구성적, 자기 입증적 실천이다. 웃기, 농담하기, 춤추기, 섹스하기, 틴 휘슬••• 연주하기, 엄청나게 비싼 비누 그릇 수집하기, 코가 비뚤어지게 술을 마시기는 당신을 어디로도 이끌지 않는다. 이 활동들을 지배하는 합리성은 도구적 합리성이 아니다. 사람들은 이런 활동을 그 활동 자체와 별개인 어떤 목적을 위한 수단에 불과한 것으로 간주하지 않는다. 예컨대 자동차 조수석의 루이뷔통 손가방을 꺼내려고 앞 유리를 깨는 활동과는 다르게 취급한다. 물론 예술도 인간 실존에 대한 사람들의 감각을 풍부하게 만든다는 의미에서 도구적일 수 있다. 그러나 예술은 오직 확고하게 예술 자체에―마르크스의 용어로 말하면, 교환가치가 아니라 사용가치에―초점을 맞출 때만 그런 도구의 역할을 성공적으로 수행할 수 있다. 예술의 의미와 가치는 실제 예술 활동과 분리할 수 없다. 또한 덕의 실천에 대해서도 똑같은 말을 할 수 있다는 것이 아리스토텔레스의 견해다.

일반적으로 말하면, 이런 유형의 활동은 가장 소중한 활동이다. 물론 이에 못지않게 중요한 도구적 활동들(예컨대 배고픈 사람에게 음식을 주기)도 있다. 또한 도구적 합리성이 없으면, 우리는 세상의 화학무기를 영영 제거하지 못할 것이다. 심지어 우리가 잠자리에서 일어나는 것은 세상에서 화학무기를 제거할 수 있기 위한 필

• Praxis. 일반적인 번역은 '실천'.
•• 미국의 바이올린 연주자.
••• 영국 민요에 쓰이는 관악기.

수조건일 텐데, 도구적 합리성이 없으면 우리 대부분은 그렇게 하지도 못할 것이다. 그러나 아무리 그렇다 하더라도, 우리의 가장 고귀한 활동들 대부분은 목적을 그 활동 자체 안에 지닌다. 간단히 말해서, 그 활동들은 그냥 아무 이유 없이 존재한다. 우리가 그런 모험들에 가담할 때, 우리는 최대로 합리적이다. 그럴 때 이성은 한낱 도구나 계산 장치이기를 그치고 그 자체로 소중한 자기실현의 한 형태가 된다.

반면에 도구적으로 활동하면, 어떤 목표에 도달한다는 명분으로 사물의 감각적 감정적 질을 겉핥기식으로 다룰 위험이 있다. 우리는 기차표의 모양과 질감을 애틋하게 음미하다가 마지못해 검표원에게 건네주지 않는다. 마르크스주의 관점에서 보면, 자본주의는 소비지상주의적 감각 탐닉을 포함한다. 그러나 또한 역설적이게도 자본주의는 살을 배제한 금욕적 존재 양식이다. 자본주의에서 물질적 대상은 제 몸뚱이를 잃고 추상적 상품의 지위로 추락한다. 또한 곧 보겠지만, 이와 유사한 추상화가 인간 몸을 덮친다. 베르톨트 브레히트는 사상이 진정한 감각적 쾌락이 되는 미래를 꿈꿨고, 일반적으로 사회주의자들은 도구적 이성이 (물론 인간 세상에서 도구적 이성은 필수 불가결하지만) 독재적 장악력을 덜 발휘하게 되는 미래를 예견한다. 급진적 정치사상은 실제로 정치적 실천에 도움이 된다. 그러나 그 실천은 우리가 이성 사용을 이성 사용 그 자체를 위해서 더 자유롭게 즐기는 상태를 추구한다. '좌파 효용주의left-utilitarianism'(이론은 실천적 변화를, 그것도 되도록 몇 시간 안에 가져

올 때만 정당화될 수 있다는 생각)라는 브랜드를 홍보하는 사회주의
자들은, 역사적 효용을 따지는 엄숙한 재판정에서 우리가 우리의
이성 사용에 대해서 사과할 필요를 더는 느끼지 않을 때만 우리가
진정으로 해방되리라는 것을 깨닫지 못하고 있다.

3장
감각들을 해방시키기

프리드리히 니체는 《도덕의 계보 Zur Genealogie der Moral》에서 토마스 아
퀴나스를 길게 인용하는 반면, 카를 마르크스가 토마스 아퀴나스
의 영향을 받았다는 증거는 없다. 마르크스는 중세 신학의 열렬한
팬이 아니었다. 그러나 우리가 이미 보았듯이, 마르크스와 아퀴나
스 사이에는 흥미로운 유사성이 있다. 아마도 그 유사성은 그들이
둘 다 아리스토텔레스의 영향 아래에 있다는 사실에서 비롯될 것
이다. 마르크스도 능동적이며 감각적이고 실천적인 인간 몸을 출
발점으로 삼는 신체적 유물론자다. 그는 세계가 무엇으로 이루어
졌는가라는 질문에 천착하는 존재론적 유물론에 관심이 없으며 틀
림없이 그 질문을 한가한 형이상학적 문제로 일축했을 것이다. 그
는 겉만 번드르르하다고 스스로 느끼는 사상들을 쌀쌀하게 대했
다. 니체, 비트겐슈타인과 마찬가지로 마르크스는 철학하기를 뿌
리 깊이 경멸하는 철학자였다. 그의 동료 프리드리히 엥겔스는 표
준적인 철학적 의미에서 유물론자였지만, 마르크스는 달랐다. 그
에게 유물론의 탐구 분야는 역사와 사회였다.

그런 접근법을 채택하면서 마르크스는 자신이 새로운 양식

의 유물론을 창시한다고 여겼다. 〈포이어바흐에 관한 테제[Thesen über Feuerbach]〉에서 그는, 기존의 모든 유물론은 "대상, 현실, 감각성을 …… 오직 객체의 형식 혹은 직관의 형식 아래에서만 파악할 뿐, 감각적 인간적 실천으로, 곧 주체적으로 파악하지 않는다"고 주장한다.[1] 그의 동포 루트비히 포이어바흐는 인간의 신체적 본성을 출발점으로 삼을 것을 주장했다는 점에서 옳았다. 문제는 포이어바흐가 그 본성을 능동적인[active] 것으로 파악하지 않았다는 점이다. 경험론자들과 마찬가지로 포이어바흐는 감각들이 본질적으로 수동적이라고 본다. 반면에 마르크스에게 감각은 인간적 실천의 필수 구성 요소, 세계와 맺는 관계의 양태다. 경험론자들도 마르크스처럼 몸을 앎과 활동의 기초로 삼는 것은 사실이다. 그런데 마르크스가 보기에 문제는 그들이 몸에 대해서 그릇된 생각을 가지고 있다는 점이다. '감각자료'와 '감각인상' 같은 용어들—개념이란 머릿속의 이미지라는 진기한 생각은 더 말할 것도 없고—은 살과 피를 단지 사물로 보는 관점을 드러낸다. 훗날 비트겐슈타인은 우리의 감각이 모종의 방식으로 우리에게 환경에 관한 '정보'나 '증거'를 제공한다는 생각에 의문을 제기하게 된다. 뿐만 아니라, 완고하게 감각에 충성하는 경험론은 어떻게 감각에서 관념으로 나아갈 수 있는지 설명하는 것이 어려운 문제라고 여긴다. 합리론에는 몸이 너무 적다면, 경험론에는 몸이 너무 많다.

심지어 마르크스는 감각을 "즉각적으로 실천하는 중인 이론가"[2]라고까지 표현한다. 이 표현의 뜻은, 이론적 반성과 마찬가지

로 감각은 어떤 기능적 목적을 위해서가 아니라 감각 자체를 위해
서 객체와 관계 맺을 수 있다는 것이다. 이런 감각의 모범이 미적
감각이다. 무언가를 미적으로 본다는 말은 통상 관조적으로 본다
는 뜻으로 여겨진다. 그러나 마르크스가 보기에 진정한 대립은 실
천성과 미학성 사이에 있는 것이 아니라, 이 양자와 도구성(혹은 효
용성) 사이에 있다. 사물을 그것이 제작된 목적을 위해 활용할 때,
우리는 사물의 특수한 질들을 존중한다. 그리고 이것은 미학의 영
역이다. 이것이 바로 마르크스가 말하는 사용가치의 의미다. 요컨
대 실천성과 미학성은 우리의 통념과 달리 밀접한 관련이 있다. 반
면에 교환가치와 도구적 이성은 객체를 단지 어떤 목적을 위한 수
단으로 사용하며 객체의 감각적 특수성을 거의 존중하지 않는다.[3]
이런 의미에서 교환가치와 도구적 이성은, 비록 실천적 지향성을
가졌다 하더라도, 탈물질화하는dematerialize 힘들이다.

우리의 감각 능력은 확정적으로 주어진 것이 아니라 나름의
복잡한 역사를 가진다고 마르크스는 주장한다. 감각 능력은 인간
이 물질세계를 상대하는 노동에 나서서 자신의 감각적 체질을 바
꿔감에 따라서 진화한다. 따라서 몸은 자연현상인 동시에 사회적
산물이다. 우리가 보고 만지고 맛보는 거의 모든 것도 마찬가지
다.《독일 이데올로기》에서 마르크스는 이렇게 말한다. "감각적으
로 확실한 객체들 가운데 가장 단순한 것들조차도 오직 사회적 과
정, 산업, 상업적 교류를 통해서만 주어진다."[4] 그는 별, 폭포, 산양
등이 감각적으로 확실한 객체이면서 사회적 산물은 아니라는 점을

잠시 잊은 듯하다. 가장 넓은 의미에서 산업의 역사는 "손에 잡히는 형태로 현전하는, 인류와 인간 심리의 본질적 힘들에 관한 열린 책"이다.⁵ 바꿔 말하면, 인간의 자기 생산 역사는 (장미향 맡기와 복숭아 먹기도 그 역사에 포함된다고 이해할 때) 인간 정신의 구현 장소인 물질적 몸이라고 할 만하다. 한 관점에서 볼 때 생산력의 축적인 것이 다른 각도에서 보면 인간 감각에 관한 이야기다. 감각 능력과 사회적 제도는 동전의 양면이다.

그러나 그 양자 사이의 관계는 순탄치 않았다. 마르크스주의의 몇몇 핵심 개념들—물신숭배, 사물화, 소외, 상업화—은 이 분야의 문제들과 관련이 있다. 물질과 정신 사이의 관계가 기이하게 교란되면, 물신숭배, 환상, 추상화가 사회적 현실의 구조에 내장되어 그 구조에 야릇한 힘을 가할 수 있다고 마르크스는 본다. 지금 우리가 거론하는 것은 한가한 공상이 아니라 힘을 발휘하는 환상이다. 노동보다 더 뚜렷이 손에 잡히는 활동은 거의 없다. 그럼에도 자본주의적 조건 아래에서 사람들이 특수한 객체를 생산하기보다 이윤을 창출하기 위해 노동함에 따라, 노동은 추상화된다. 상품역시 추상적 현상, 순전히 교환의 매체다. 그러나 시장 사회에서는 상품들의 상호작용이 살과 피로 된 개인들의 운명을 실제로 결정한다. 주식시장의 요동은 수천 명을 실업자로 만들 수 있다. 이데올로기는 유령과 허깨비를 파는 것일 수도 있겠지만, 그러면서 우리를 교란하여 정치적 변화의 필요성을 간과하게 만든다면 이데올로기는 충분히 현실적이다.

가장 기초적인 감각 활동들조차도 상당량의 물질적 무대장치를 전제한다. 우리의 촉각과 미각의 배후에는 인간과 세계 간 거래의 역사 전체가 놓여 있다. 그럼에도 포이어바흐는 주위의 물질적 현실을 감각적으로 **생산된 것**으로 보지 못하고 따라서 사회적이며 역사적인 것으로 보지 못한다. 만일 그런 생산이 딱 일 년만 중단된다면, 머지않아 포이어바흐는 그 자신과 더불어 인간 세계 전체가 이미 소멸한 것을 발견하게 되리라고 마르크스는 냉소적으로 논평한다. 대조적으로 마르크스 자신의 출발점은 단순히 인간의 물질성이 아니라 물질적 **행위자**들로서의 사람들이다. 그는 개인들을 언급하면서 형용사를 잔뜩 동원해서 "신체적이고 살아 있으며 현실적이고 감각적이며 객체적인" 존재들이라고 말한다.[6] 개인은 생각하는 사물이 아니라 활동하는 몸, 오직 자신의 실천적 활동의 맥락 안에서 세계가 나타나는 대로만 세계를 아는 동물이다. 위르겐 하버마스가 지적하듯이 "가능한 경험 객체의 객체성은 [마르크스가 보기에] 자연적 밑바탕substratum, 곧 인간의 신체조건의 동일성에 근거를 둔다. 그리고 인간의 신체조건은 활동을 지향한다"[7]

이처럼 마르크스에게 노동, 혹은 더 일반적으로 생산은 사회경제적 범주일 뿐 아니라 인식론적 범주이기도 하다. 철학자가 가능한 경험의 객체로 여기는 것을 유물론자는 생산 활동의 열매로 여긴다. 유물론자에게 그 객체의 객체성은 생산 활동에 의해 담보된다. 우리는 사물을 제작하는 과정을 통해서 사물을 안다. 이런 의미에서 마르크스는 하버마스가 "인간학적 인지 이론anthropological theory of cognition"이라고 부르는 것을 개발하는 셈이다.[8] 우리에게 최초로 세계를 주는 것은 생각이나 언어가 아니라 세계 구성적 생산력들이다. 이때 그 생산력들은 생각 및 언어와도 얽혀 있는 폭넓고 풍부한 의미로 이해되어야 한다.

인간 행위자를 출발점으로 삼는다는 것은 주체와 객체 사이의 구분을 해체한다는 것을 의미한다. 왜냐하면 실천은 물질적 객체적 사안이지만, 또한 실천 속에는 정신(동기, 가치, 목적, 해석 등)이 새겨져 있으니까 말이다. 또한 몸은 자연의 영역에도 속하고 역사의 영역에도 속한다는 점을 감안할 때, 인간 행위자를 출발점으로 삼기는 자연과 역사 사이의 긴장을 완화하기를 뜻한다. 마르크스는 물질적 생산과 성性적 생산이 이런 의미에서 이중적이라고 이야기하면서 몸의 양면성을 지적한다.[9] 그에 따르면 "자기 생명의 생산과 번식을 통한 새로운 생명의 생산은 둘 다 …… 이중관계인 것으로 보인다. 즉, 한편으로 자연적 관계이며, 다른 한편으로 사회적 관계인 것으로 보인다".[10] 인간은 "역사적 자연(본성)과 자연적 역사를" 가졌다고 마르크스는 말한다.[11] 그는 문화를 자연 속으로 함몰시키기를 거부한다. 거꾸로 자연을 문화 속으로 함몰시키는 것 역시 그에 못지않은 환원주의 전략이라는 것을 마르크스는 잘 안다.

물질적 행위자로서 사람들은 마르크스의 출발점이지만 정확한 종착점은 아니다. 훗날 《자본론Das Kapital》을 쓰게 되는 그는 정치적 해방이 살과 피로 된 행위자들에게 중요하다는 믿음을 유지하지만, 그렇다고 분석의 출발점이 반드시 그런 행위자들이어야 하는 것은 아니다. 실제로 《자본론》은 개인들에 전혀 관심이 없다. 그 책은 나름의 진단을 위하여 개인들을 오로지 특정한 사회경제적 구조의 '담당자'로서만 다룬다. 이에 비추어, 초기의 마르크스는 충분히 거슬러 올라가서 출발하지 않는다고 주장할 수도 있을 것이다. 우리가 사회적 행위자이기 위해서만 해도, 어마어마하게 많은 물질적 기반구조가 이미 갖춰져 있어야 한다. 실제로 마르크스 자신도 관념론은 충분히 거슬러 올라가서 시작하는 데 실패한다고 비난한다. 관념들을 출발점으로 삼을 수도 있겠지만, 그럴 경우 그 관념들은 어디에서 유래할까? 사람들이 성찰의 능력을 가지려면, 더 먼저 어떤 일들이 일어나야 할까? 어떤 힘들이 인간 주체들을 확립할까? 이 질문들은, 의식을 절대적 원천 혹은 기반으로 여기는 사람들이 보기에 대체로 타당하지 않다. 의식이라는 기반보다 더 아래로 파내려갈 수 있다고 주장할 수도 있겠지만, 그렇게 파내려가는 활동 자체가 의식을 전제한다. 따라서 그 주장은 설명하려는 바를 전제하는 오류, 전문용어로 '선결문제 요구의 오류petitio principii' 를 범한다.

행위자에 대한 마르크스의 생각을 모든 마르크스 추종자가 옹호하는 것은 아니다. 세바스티아노 팀파나로는 《유물론에 관하여Sul materialismo》에서, 우리는 오직 역사적 활동을 통해서만 자연과 관계 맺는다는 마르크스의 주장은 오류라고 지적한다. 자연과 인간 사이의 관계는 수동적 차원도 가진다. 이미 보았듯이, 우리의 신체적 본성은 우리의 행위자성의 원천이면서 또한 해악에 대한 취약성의 원천이다. 우리가 죽을 수밖에 없는 존재라는 말은 우리 몸이 자기의 궁극적 소멸의 씨앗을 제 안에 품고 있다는 뜻이다. 인간을 능동적이며 세계를 생산하는 동물로 본다는 것은, 기계적 유물론이 인간에게 부여하기를 거부하는 존엄을 인간에게 되돌려준다는 것을 의미한다. 반면에 인간의 취약성에 대한 깨달음은 인간 존엄을 회복시키는 그 관점이 지나치게 의기양양해지는 것을 막는다. 팀파나로는 "인간 실존의 덧없음과 허약함, 작고 약한 인간과 무한한 우주가 이루는 대비 …… 노화로 인한 쇠약 …… 자신의 죽음에 대한 두려움과 타인들의 죽음 앞에서 느끼는 슬픔" 같은 것들이 대표하는 인간의 처지를 우리에게 상기시킨다.[12] 또한 그는, 생물학은 항상 사회적으로 매개되어 있으므로 생물학적인 것은 아무것도 아니고 사회적인 것이 전부라는 견해를 "관념론적 궤변"이라며 배척한다. '관념론적 궤변'이라는 표현 옆에 '문화주의적 겉치레'를 덧붙일 만하다. 피 흘리며 죽어가는 것이 다양한 문화들에서 다양하게 해석될 수 있다는 사실은, 지금 누군가가 피 흘리며 죽어가고 있지 않음을 의미하지 않는다. 우리가 황홀할 정도로 다양한 방식으로 죽는다는 것은 문화상대주의를 신봉하는 사도들에게는 틀림없이 기쁜 일이겠지만, 우리가 아예 죽지 않는다면, 그것이 훨씬 더 기쁜 일일 것이다.

마르크스는 몸이 죽을 수밖에 없으며 스스로 통제할 수 없는 요소들에 시달리고 제약당한다는 것을 잘 안다. 한 초기 저작에서 그는 죽음이란 개체가 유·Gattung를 깨닫는 방식이라고 말한다. 그럼에도 그의 인간관에서 행위자성은 근본적으로 중요하다. 스코틀랜드 철학자 존 맥머리John Macmurray의 말마따나 "세계에 대한 우리의 앎은 일차적으로 우리가 세계 안에서 벌이는 활동의 한 측면이다."[13] 마르크스에게 이 활동의 주요 형태는 노동이다. 인간은 오직 환경을 상대로 노동함으로써만 생존할 수 있으며, 인간 몸의 독특한 체질이 그 노동을 가능케 한다. 예컨대 인간이 언어적 동물이라는 사실은, 사람들이 자신들의 물질적 생명을 재생산하는 데 필요한 협동 프로젝트에 착수할 수 있음을 의미한다. 그리하여 마르크스에게 가장 중요한 것은 이른바 "[인간들의] 물질적 조직화", 그리고 "그 조직화의 결과로 인간들이 나머지 자연과 맺는 관계"다. 마르크스는 이 나머지 자연을 "인간의 비유기적 몸"으로 칭하기도 한다.[14] 그의 주장에 따르면, 역사 서술은 "항상 이 같은 자연적 토대들, 그리고 역사 속에서 인간의 활동을 통해 일어난 그 토대들의 변형을 출발점으로 삼아야 한다."[15] 인류 역사의 뿌리에 놓여 있는 것은 몸이다. 사람들은 물질적 본성(마르크스의 표현으로는 "유적 존재")을 표출하며, 그 본성은 자신을 실현하고 재생산하는 능력, 그리고 그 와중에 실존의 조건들을 바꾸는 능력을 포함한다. 이것이 '역사를 가진다'는 말의 의미다.

요컨대 역설적이게도 인간은 주어진 인간학적 특징들 때문에 역사적 존재다. 인간이 독특한 본성을 지녔다는 주장은 인간이 비역사적이라는 주장이 아니다. 정반대로 그것은 인간은 역사를 가지기를 멈출 수 없다는(설령 멈추려 애쓰더라도) 주장, 인간은 불가피하게 또한 예외 없이 역사적 존재라는 주장이다. 역사성만큼은 역사적으로 상대적이지 않다. 어떤 이들은 이 명제가 마르크스를 극도로 인기 없는 인물, 곧 본질주의자로 만들까봐 우려한다. 그러나 '바꾸기'가 우리의 일시적 우연적 특징에 불과하지 않고 우리의 본질에 속한다는 것이 위 명제의 의미라면, '본질주의자'라는 호칭을 꺼릴 이유가 없다. 아무튼, 많은 반反본질주의자는 반反좌파이기도 하다. 반본질주의가 항상 정치적 천사의 편인 것은 전혀 아니다.

인간성의 특정 측면들은 상당히 불변적이라는 믿음은 마르크스 사상의 특징들 가운데 가장 널리 알려진 축에 들지 않는다. 오히려 마르크스는 (특히 그의 추종자들에 의해) 골수 역사주의자historicist로 여겨진다. 모든 현상은 뿌리까지 역사적이고 따라서 변화하는 중이며 또한 변화 가능하다고 여기는 사상가로 말이다. 기쁘게도, 이 통념은 틀렸다. 만일 어떤 일시적인 역사적 격변의 결과로 사람들의 정의를 향한 욕구가 완전히 사라진다면, 그것은 슬프고 안타까운 일일 것이다. 가변성은 그 자체로 좋은 것이 전혀 아니다. 독재자들이 사라지는 것은 좋은 일이지만, 더불어 자유의 투사들이 사라지는 것은 좋은 일이 아니다. 흐름과 과정의 열렬한 옹호자들 중에 자기 기억의 상실을 환영하는 이는 많지 않다. 마르크스는 실제로 역사주의자가 맞지만 골수 역사주의자는 아니다. 아무튼, 모든 역사주의가 정치적으로 급진적인 것은 전혀 아니다. 역사주의는 최소한 좌파의 교리였던 그만큼 우파의 교리이기도 했다. 한 현상을 역사적 맥락 안에 놓는 것은 아직 특정한 정치적 행보의 실행이 아니다. 확실히 마르크스는 불변하는 실재들을 믿는다. 그런 실재 하나는 노동의 필요성이다. 《자본론》에서 마르크스는 노동의 필요성은 인간 실존의 '영원한' 사실이라고 말한다. 천사들과 귀족들은 노동할 필요가 없다. 공작새들도 그렇다. 그러나 일반적으로 인간은 노동하지 않으면 죽는다. 사회주의는 노동시간의 단축과 모멸적인 고역의 제거를 포함하지만 노동의 필요성을 없앨 수는 없다.

인간 종의 자연적 특징들이 많다는 것은 엄연한 사실이다. 이를테면 언어, 죽음, 병, 공포, 생산, 웃음, 성생활, 사랑하는 타인을 잃었을 때의 슬픔, 동반 관계의 즐거움이 그런 특징이다.[16] 그 특징들은 물질적 존재인 우리 자신과 얽혀 있으므로, 저 사실을 부정하는 자칭 유물론자들은 도착적이다. 자연이 문화보다 우선이라는 것을 가리키는 한 이름은 '죽음'이다. 일부 사회주의자는 이런 주장들에 신경을 곤두세우는데, 왜냐하면 그것들이 인간의 처지에서 그 무엇도 바꿀 수 없음을 암시할까봐 염려하기 때문이다. 실제로 그런 식으로 역사적인 것을 '자연화하기'는 지배 이데올로기의 익숙한 술수다. 그러나 죽음이 자연적이라는 사실로부터 당신이 아들을 이튼 학교에 보내는 것도 자연적이라는 것이 귀결되지는 않는다. 케이트 소퍼Kate Soper는 예컨대 병이 인간이 처한 조건의 일부라고 말하는 것은 역사를 자연으로 환원하는 것, 몸의 기능장애를 순전히 운명으로 보는 것일 위험이 있다고 경고한다.[17] 그렇기 때문에 그 말은 정치적 반동 세력에 위안을 준다면서 말이다. 그러나 이 경고는, 전통에 대해서 어떤 식으로든 긍정적으로 말하면 '근위병 교대식'의 팬으로 오해받을 위험이 있으니 차티스트운동가들*이나 여성참정권운동가들을 언급해서는 안 된다는 주장과 유사하다. 어쨌든, 모든 이데올로기가 자연화하기 전술을 구사하는 것은 전혀 아니며, 모든 자연이 변화를 받아들이지 않는 것도 전혀 아니다.

　그렇지만 몸에 대한 마르크스의 생각이 한계를 가진 것은 사실이다. 레이먼드 윌리엄스는 이렇게 지적한다.

> 고전적 마르크스주의가 (이것은 큰 결함인데) 인간의 기본적 신체조건을 간과할 뿐 아니라 …… 감정조건, 그리고 모든 직접적 인간관계 및 실천의 매우 큰 부분을 차지하는 상황들도 간과한다는 것은 사실이다. 문제적인 성性을 포함한 성의 문제들은 가장 뚜렷하게 누락된 축에 든다.[18]

성에 대한 이해를 돕는 글을 쓴 마르크스주의자들(윌리엄 모리스, 라이히, 프롬, 아도르노, 마르쿠제 등, 또한 별들만큼 많은 마르크스주의적 여성주의자들)이 없는 것은 아니지만, 이 비판은 일리가 있다. 덧붙여 윌리엄스가 이 같은 지적을 한 이래로 성적인 몸이 노동하는 몸을 거의 잠식하게 되었다는 점도 지적해둘 필요가 있다. 이 변화의

---

* 1830~1840년대 영국 남성 보편선거권 요구 운동 참여자들.

배후에는 손해와 이익, 진보와 퇴보가 뒤엉킨 한 시대의 정치사가
있다.

다시 요약하면, 마르크스의 관점에서는 역사보다 자연이 더
근본적이다. 왜냐하면 우리가 역사를 가질 수 있는 것은 우리의 유
적 존재로서의 몸 덕분이기 때문이다. 더 강조해서 말하면, 우리가
역사를 **가져야 한다**는 결정을 내리는 장본인이 바로 몸이다. 또한
몸은 우리가 구성할 수 있는 이야기가 동물로서의 우리에 의해 제
약된다는 의미에서 더 근본적이다. 서로 밀접하게 연관된 두 활동
인 노동과 언어의 도움으로 인간은 '제도^{institution}'라는 인공기관들
을 통해 자신의 몸을 지구 전역으로 확장할 수 있다. 그런 제도의
한 예로 기술, 곧 우리 신체 역량의 증폭이 있다. 《정치경제학 비판
요강》에서 마르크스는 유쾌한 비유법으로 농업이란 토양을 몸의
확장된 부분으로 변환하는 일이라고 풀이한다. 그러나 이런 방식
으로는 우리 몸을 그것의 물리적 체질의 한계 안에서만 확장할 수
있다. 우리 몸은 달까지 뻗어나갈 수 있지만 아마도 먼 별들까지는
뻗어나갈 수 없을 것이다. 심지어 인간 몸과 기술이 완전히 통합
될 것이라는 이른바 탈인간적^{post-human} 미래에도 여전히 문제가 되
는 것은 모든 물질적 제약들을 지닌 **이** 몸이다. 만일 인체와 기술
의 통합이 충분히 발전한다면, 어쩌면 우리는 인간 특유의 몸을 아
예 거론할 수 없게 될 것이다.

자연은 항상 문화에 의해 매개되지만(이를테면 메뉴판에 등장
하지만), 유물론자는 자연이 인간사에 선행하고 또한 독립적이라

고 믿는다. 도마뱀과 자기장이 존재하는 것은 우리 때문이 아니다. 우리는 자연에 의존할 수도 있지만, 자연은 우리에게 의존하지 않는다. 사회 속에서 산다는 것은 자연 속에서 살기를 그친다는 뜻이 아니라 자연을 특별한 방식으로 '산다'는 뜻이다. 이를테면, 자연에 인간적 의미를 부여하는 노동을 통해서 자연을 산다는 것이다. 마르크스의 주장에 따르면, 관념론 철학은 바로 이 관계, 곧 인간이 역사를 통해 물질세계와 맺는 관계를 무시한다. 관념론적 사상가들의 일부는(전부가 그런 것은 전혀 아니지만) 철학은 역사와 문화를 다루고 자연과학은 자연을 다룬다고 여긴다. 반면에 역사적 유물론은 그 양쪽 차원을 융합하지 않으면서 동시에 생각하려 애쓴다. 그 양쪽 사이의 관계들은 대칭적이지 않다. 예컨대 자연적 욕구들은 사회적으로 매개되지만, 모든 사회적 욕구가 자연적 토대를 가지는 것은 아니다. 유엔총회에서 곰돌이 푸 분장으로 연설하고 싶은 욕망은, 당사자가 아무리 다르게 느낀다 하더라도, 자연적 토대가 없다. 그릇된 자연적 욕구는 없지만, 그릇된 사회적 욕구들은 충분히 많다. 예컨대 랩 댄서*에 대한 수요는 랩톱 컴퓨터에 대한 수요와 달리 그릇된 사회적 욕구다.

물질적 생산을 통해 욕구들을 충족시키면서 우리는 다시금 충족시켜야 할 또 다른 욕구들을 창출한다. 이것이 인류 역사가 전개되는 방식이다. 이 과정에서 사람들은 가장 소중한 형태의 생산

• 앉아 있는 고객과 접촉하며 춤추는 스트립 댄서.

에 착수한다. 마르크스가 보기에 그것은 탄광이나 면직공장에서의 생산이 아니라 개인들의 자기생산self-production이며, 그것을 가리키는 한 이름은 문화다. 복잡한 노동, (정신분석이 말하는 의미에서의) 욕망, 광범위한 소통의 능력이 없는 동물의 몸은 생물학적 순환에 갇힌 채로 자신을 반복하는 경향이 있다. 반면에 인간은 자신의 생물학적 결정요인들로부터 어느 정도 거리를 둘 수 있다.

그렇게 거리를 두면서 인간은 애벌레의 일생보다 더 흥미진진한 이야기narrative의 주인공으로 나설 수 있다. 순전히 인간적인 관점에서 보면, 애벌레의 일생은 시시하고 지루하게 느껴진다. 실제로 계급사회에 대한 마르크스의 불만 하나는 개인들이 이 파란만장하고 위태롭고 신나는 모험에 완전히 뛰어드는 것을 그 사회가 막는다는 것이다. 사람들은 이제껏 이런저런 형태의 착취에 얽매여 마르크스가 '선先역사pre-history'라고 부르는 것에 머물러왔다. 즉, 사람들을 자연 자체의 온갖 저항에 직면하게 하는 듯한 사회적 제약들에 종속되어왔다. 그것은 혁신이라기보다 반복으로서의 역사다. 그렇다면 유일하게 참된 역사적 행동은 이 동물적 순환과 단절하고 우리 스스로 더 개방된 이야기를 짓기 시작하는 것이다. 그 이야기는 애벌레의 행동과 달리 예측 불가능할 터이기 때문에, 마르크스가 미래에 대해서 하는 말은 놀랄 만큼 적다.

궁극적으로 자연이 문화보다 우위에 있다고 주장하는 것은 그 양자가 실천에서 얽힘을 부정하는 것이 당연히 아니다. 마르크스에게 노동은 자연과 문화가 수렴하는 핵심 지점이다. 몸도 마찬가지로 그런 지점이다. 성^性 역시 자연과 문화가 만나는 지점이다.
마르크스에 따르면 "매일 자신의 삶을 다시 만드는remake 사람들은
자기 종을 퍼뜨리기 위해 다른 인간들을 만들기 시작한다".[19] 남녀
역할의 불균등은 분업의 최초 형태라고 마르크스는 주장한다. 그
러나 자연과 문화라는 두 영역이 서로 부드럽게 결합하기를 거부
한다는 것은 엄연한 사실이다. 만일 그 양쪽이 부드럽게 결합한다
면, 노동은 그리 고되지 않을 것이다. 자연은 우리를 아프게 하며,
자연을 감당할 만한 모양으로 주조하려는 우리의 노력에 저항한
다. 그리고 문화는 마치 창피할 만큼 보잘것없는 실제 부모보다 더
우아한 어떤 조상을 꿈꾸는 아이처럼 자신의 뿌리가 그런 변변치
않은 물질이라는 것을 부인할 위험에 항상 노출되어 있다.

　　그러나 마르크스가 (초기의 유토피아주의적 몸짓을 논외로 하면)
문화 영역과 자연 영역의 비동일성을 강조하는 것은 사실이지만,
단일한 사상으로 그 양쪽을 파악하려는 노력에서 마르크스에 버금
갈 사상가는 거의 없다. 자연과 역사는 전통적으로 사람들의 관심
을 놓고 경쟁하는 관계였다. 그러나 마르크스는 인간 의식의 일상
적 물질적 토대를 탐구하면서도 또한 인간 의식에 핵심적인 역할
을 부여하는 드문 유형의 유물론자다. 그는 정치에 관심을 기울일
때 생리학을 무시하지 않는다. 관념들의 저속한 기원을 주장할 때
그는 또한 그것들이 세상을 바꾸는 데 기여할 수 있다고 믿는다.

～

초기의 마르크스는 주목할 만한 프로젝트를 추진한다. 그의 삶을 지배하던 시스템이 인간 감각들에 하는 처사 때문에 그 시스템을 비판하는 사상은 당시까지 없었다. 그런 식으로 자본주의를 톺아보는 현상학은 존재하지 않았다. 마르크스가 보기에 자본주의 생산양식은 극심하게 몸을 결여한 형태의 이성의 지배하에 놓이고, 그 지배는 다양한 모습으로 나타난다. 《경제철학수고$^{Ökonomisch-}$ $^{philosophische Manuskripte}$》에서 마르크스는 "모든 신체적 정신적 감각들을 밀어내고 그 모든 것들의 단적인 소외가, 곧 **소유** 감각이 들어섰다. 내적인 부^{wealth}를 바깥으로 낳기 위하여, 인간 본성은 이 절대적 빈곤에 빠져야 했다"라고 지적한다.[20] 소유욕은 추상화를 낳을 뿐 아니라 역설적이게도 빈곤을 낳는다. 빈자가 생존하기 위해 필요한 재화들은 감각적 속성들을 박탈당하고 "추상적 형식"(마르크스의 표현)으로 쪼그라든다. 죽을 지경으로 굶주린 사람은 자신이 무엇을 먹는지 신경 쓰지 않는다. 굶는 것 외에 대안이 없는 사람은 구할 수 있는 일자리가 어떤 유형인지 신경 쓰지 않는다.

반면에 참된 인간적 활동은 실천^{praxis}, 곧 자신의 감각적 정신적 역량들을 즐거운 목적 그 자체들로서 자유롭게 실현하는 것이다. 마르크스에게 그런 실천의 모범은 예술 노동이다. 아리스토텔레스와 마찬가지로 마르크스에게도 행복 혹은 안녕은 정신 상태의 문제라기보다 활동의 문제다. 가장 진정한 형태의 생산 혹은 '삶 활동$^{life activity}$'(마르크스는 이 개념들을 공장을 훨씬 벗어난 범위까지 확장한다)은 물리적 필요의 등쌀에서 자유로운, 그 자체를 위해 실행되는 활동이다. 그리고 마르크스가 보기에 이 활동은 효용을 더 중시하는 동물들과 인간 사이의 결정적인 차이점이다. 그러나 자본주의 조건하에서 "사람들은 삶 활동, 곧 생산하는 삶을 하나의 필요, 곧 물리적 실존을 유지할 필요를 충족하기 위한 수단으로만 본다".[21] 우리는 봉사, 연대, 자기실현의 한 형태로서 노동하는 것이 아니라 살기 위해 노동한다. 동시에 타인들(마르크스는 타인들을 '사람이 가진 가장 큰 부'라고 부른다)은 우리 자신의 목적을 성취하기 위한 수단에 불과하게 되고 따라서 탈물질화된다.

자본가는 자신이 찍어내는 생산물이 이윤 수확의 수단인 한에서만 그 생산물에 관심을 둔다. 객체가 아니라 상품으로 간주되는 그 생산물은 한 톨의 물질성도 없는 순수한 추상이다. 이와 동시에, 생산자의 몸은 노동하는 도구의 지위로 쪼그라든다. 생산자는 "욕구도 감각도 없는 존재"로 되고 "인간이었던 것이 추상적 활동과 위장胃腸으로 된다".[22] 그런데 자본가는 타인들의 신체적 부를 삭감하는 과정에서 자기 자신의 감각적 능력에도 폭력을 가한다. 마르크스는 이렇게 논평한다.

자기부정, 삶과 모든 인간적 욕구들에 대한 부정은 [부르주아 정치경제의] 주요 교리다. 당신이 덜 먹고, 덜 마시고, 책을 덜 살수록, 극장이나 춤판이나 술자리에 덜 갈수록, 덜 생각하고, 덜 사랑하고, 덜 궁리하고, 노래, 그림, 펜싱 따위를 덜 할수록, 당신은 더 많이 저축하고, 좀벌레도 구더기도 파먹지 못하는 보물, 곧 당신의 **자본**은 더 커질 것이다. 당신이 더 **줄어들수록**, 당신이 당신의 삶을 덜 표현할수록, 당신은 더 많이 **소유하고**, 당신의 **소외된** 삶은 더 커지고, 당신은 당신의 소외된 삶을 더 많이 축적한다.²³

금욕주의는 소유욕의 또 다른 얼굴이다. 당신의 자본은 당신의 몸에서 실체를 빨아들이는 흡혈귀 같은 힘이 된다. 마르크스 본인은 춤이나 책 구매, 공연 관람에 그다지 끌리지 않았다. (그가 스스로 고백했듯이) 마르크스만큼 돈이 없으면서 돈에 대해서 많은 글을 쓴 사람은 없으므로, 이는 납득할 만한 일이다. 그러나 그는 이색적인 술집들을 순례하는 활동만큼은 몹시 즐겼다.

하지만 자신의 감각적 삶을 자본의 힘에 양도한 자본가들 가운데 마음가짐이 덜 금욕주의적인 이들은 대리적인 방식으로 감각적 삶을 되찾을 수 있다. "당신이 할 수 없는 모든 것을, 당신의 돈이 당신을 대신하여 할 수 있다. 당신의 돈은 먹고, 마시고, 춤추러 가고, 극장에 갈 수 있고, 예술, 지식, 골동품, 정치권력을 자기 것으로 만들 수 있고, 여행할 수 있다. 이 모든 것을 당신을 대신해서 할 수 있다. 당신의 돈은 모든 것을 살 수 있다."²⁴ 자본은 허깨비몸phantasmal body, 주인이 잠든 사이에 해외에서 활보하고 주인이 준엄하게 단념하는 쾌락들을 기계적으로 소비하는 괴물 같은 분신Doppelgänger이다.

몸은 또 다른 방식으로도 자신의 실체성을 빼앗길 수 있다.《경제철학수고》에서 마르크스는 소외 이론을 펼친다. 소외 상태에서 사람들은 스스로 생산하는 물질세계에서 자기 자신을 알아보지 못한다. 그들의 활동에서 나온 생산물은, 일단 사적 소유 시스템 안에 편입되고 나면, 그 노동의 표현이기를 그친다. 따라서 개인들은 자기 자신에게 이방인이 된다. 일레인 스캐리Elaine Scarry가 지적하듯이, 마르크스는 "제작된 세계는 인간의 몸이며, 그 세계에 인간의 몸을 투사한 사람들은 탈신체화, 정신화된다"고 여긴다.[25] 마르크스의 주장에 따르면, 자본주의는 "인간을 자신의 몸으로부터 소외시킨다".[26] 이제 개인의 노동은 그의 본질의 일부가 아니며 타인의 명령 아래 놓인다. 노동은 개인의 참된 자아에 외적인 고역으로, 데카르트적 이원론에서 정신에 외적인 살과 유사하게 느껴진다. 그리하여 물질세계는 현상학적 영역이기를 그친다. 이제 물질세계는 사람들이 쉽게 또한 자발적으로 돌아다니는 인간화된 구역, 사람들이 자신의 살에 편입시킨 구역이 더는 아니다. 오히려 물질세계는 사람들의 에너지를 몰수하여 보유했기에 사람들보다 더 생생하게 보이는 영역이다. 사람들의 활동의 당연한 맥락이기를 그침으로써, 물질세계는 사람들의 운명을 결정하는 익명의 힘으로서 불쑥 나타난다. 사람들은 또한 서로에게서 소외되므로, 집단을 뜻하는 몸 역시 해체된다. 개인들 사이의 접착제는 물질적 실재이므로, 물질적 실재와의 접촉이 끊기는 것은 개인들 사이의 접촉이 끊기는 것을 의미한다.

그러므로 사회주의의 목표 하나는 몸이 강탈당한 역량들을 몸에게 돌려주어 감각들이 제구실을 할 수 있게 하는 것이다. 시詩에서는 이 일이 비교적 덜 극적으로 일어난다. 시는 추상화와 효용이 언어에서 빼앗아간 감각적 풍요를 언어에 돌려주려 애쓴다. 오직 그 추상화와 효용의 힘이 인간사에 미치는 영향을 약화함으로써만, 우리는 우리의 감각적 역량들을 그 자체로 목적으로서 누릴수 있다. 일상 언어에서 말하는 유물론—물질적 재화에 대한 지나친 존중—은 물질성의 적이다. 우리가 현재의 사회질서에서 벗어날 필요가 있다면, 그 이유들 가운데 중요한 것 하나는 현재 우리가 우리의 역량만큼 맛보고, 냄새 맡고, 만져보지 못한다는 점에있다.

> 그러므로 사적 소유의 폐지는 인간의 모든 감각들과 속성들의 완전한 해방이다. 왜냐하면 그 감각들과 속성들이 주관과 객관의 양 측면 모두에서 인간적으로 되기 때문이다. 눈이 보는 객체가 인간이 인간을 위해 제작한 사회적 인간적 객체로 되는 것과 마찬가지로, 눈은 인간의 눈으로 된다. 그러므로 감각들은 즉각적 실천에 종사하는 이론가들이 된다. 감각들은 사물 자체를 위해 사물과 관계 맺는다. 이때 사물 자체는 인간과 인간 사이의, 또한 인간과 그 사물 사이의 객관적 관계다. …… 그러므로 욕구나 향유enjoyment는 이기적 성격을 잃으며, 자연을 사용하는 것이 인간적인 사용으로 된다는 의미에서, 자연은 한낱 효용을 잃는다.[27]

놀랄 만큼 과감한 행보로 마르크스는 감각적인 몸에서 시작한 논의를 윤리학과 정치학으로 이어간다. 국화 향기를 맡거나 소나타를 듣는 것에서 출발하여 자본의 축적, 사회적 관계, 사유재산, 이데올로기, 국가로 나아가는 것이다. 이처럼 인간 몸이 아무 탈 없이 본래 지위를 회복한다는 낙관론에 의심을 제기하는 것은 지크문트 프로이트의 몫으로 남게 된다. 마르크스가 다루는 몸은 욕망desire이 없는 것처럼 보일 만하다. 그리고 프로이트에게 욕망은 살을 파먹고 부수는 힘이다. 욕망 역시 치명적인 형태의 추상화이며 사물의 감각적 특징들에 무관심하다. 오히려 우리는 영원히 잡히지 않는 어떤 실재를 객체들의 핵에서 찾아내겠다면서 주변 객체들을 난장판으로 뒤집어엎는다. 이 만성 각성 상태가 공산주의에서 치유될지는 불확실하다. 프로이트가 말하는 몸의 중심에는 공허가 있고, 그 공허는 몸을 뒤틀어 진실에서 벗어나게 하고 몸의 행동을 엉뚱한 방향으로 이끈다. 명확히 발설할 수 없는 어떤 잔여의 그늘이 자아실현 행동 위에 항상 드리운다.

어떤 의미에서 마르크스주의는 어떻게 인간 몸이 문화와 기술이라는 인공기관들을 통해 스스로 자신의 힘에 걸려들고 제 꾀에 넘어가는가에 대한 설명이다. 그러므로 마르크스주의가 들려주는 이야기는 고대 그리스인이 '오만hubris'이라고 부른 것의 근대적 버전이다. 우리가 발명한 세계가 우리의 통제를 벗어나 우리를 피고용인으로 부린다. 그러나 이것은 단지 우리가 생산하는 존재이기 때문에 벌어지는 일이 아니다. 마르크스가 보기에 이것은 우리의 생산력이 휘말려든 사회적 관계의 결과다. 그리고 바로 이 대목에서 마르크스의 신체적(혹은 인간학적) 유물론은 역사적 유물론으로 넘어간다. 이제 우리는 인간이라는 동물의 상태를 기술하는 작업에서 그 동물에 관한 이야기를 풀어내는 작업으로 이행한다. 그이야기에 따르면, 우리의 생산력이 변변치 않은 수준일 때는 모든 각자가 단지 생존하기 위해 노동해야 한다. 그러나 사회가 경제적 잉여를 산출하기 시작하면, 일부 개인들은 고된 노동의 필요에서 해방될 수 있고, 그 결과는 사회 계급들의 성장이다. 소수는 생산에 대한 통제권을 쥐고 타인들의 노동력을 배치하며 잉여에서 지나치게 많은 몫을 챙길 수 있고, 다수는 자기 노동의 결실을 되도록 보유하기 위해 싸운다. 계급투쟁이 시작되는 것이다. 이와 동시에, 정신적 생산이라고 할 만한 것을 지배하는 인물들—성직자, 시인, 무당, 상담가, 의료인 등—이 생겨난다. 이들의 근대적 계승자를 일컬어 지식계급(인텔리겐차 intelligentsia)이라고 한다. 이 지식인 집단의 역할 하나는 기존 상태를 승인하는 사상을 제시하는 것이며, 마르크스는 그런 사상을 이데올로기라고 부른다. 또한 계급투쟁을 착취자들에게 이로운 방향으로 조절할 강제력도 필요하다. 그 강제력의 이름은 국가다.

요컨대 사회 계급들은 생산력이 일정한 수준까지 진화하면 발생한다. 구체적으로 그 수준은, 모든 각자의 노동을 강요할 만큼 낮지도 않고 모든 각자가 불쾌한 애씀 없이 충분한 재화를 얻을 수 있을 만큼 높지도 않은 수준이다. 후자의 상태를 일컬어 공산주의

체제라고 한다. 당신이 사회주의자가 된다면, (당신의 마음에 안 드는 사람들을 곯려주는 것도 이유일 수 있겠지만, 그것을 제쳐두면) 유일하게 정당한 이유는 반드시 노동해야 하는 삶이 싫다는 것이다. 잉여가 충분히 많아서 공평하게 나눠 가질 수 있다면, 사회 계급들이 존재할 토대가 사라지고, 따라서 이데올로기나 국가도 필요 없게 된다. 이런 의미에서 마르크스의 정치학은 물질적 토대를 가진다. 사회주의는 언제 어디에서나 발생할 수 없다. 사회주의는 마치 길거리에 돈 가방을 들고 나가서 미친놈처럼 껄껄 웃으며 어리벙벙한 낯선 사람들에게 지폐를 마구 뿌리는 것을 상상하듯이 새벽 두 시에나 꿈꿀 만한 좋은 생각에 불과하지 않다. 사회주의는 특정한 물질적 전제조건들을 필요로 한다. 이 사실을 적절히 유념하지 않고 사회주의를 성취하려 하면, 결국 일종의 스탈린주의에 도달할 가능성이 높다. 이것은 유물론적 관점이 정치에 관해서 함축하는 의미들 중 하나다.

당연한 말이지만, 역사적 유물론은 이 헐벗은 스케치가 보여주는 모습보다 훨씬 더 풍부하다. 역사적 유물론은 또한 어떻게 한 생산양식이 정치혁명을 통해 다른 생산양식으로 바뀌는가에 대한 이야기, 어떻게 이 모든 일이 우리가 삶에서 의지하는 사상들에 영향을 미치는가에 대한 이야기다. 마지막 논점은 상당히 중요하다. 예컨대 소설 쓰기를 위한 물질적 조건들은 음식, 모종의 필기도구, 책상 앞에 앉아 합리적이고 일관된 문장들을 생산하기에 충분할 만큼의 건강과 온전한 정신, 아이의 침실 문에 채운 자물쇠 등을 포함한다. 그러나 그렇더라도 당신이 생산하는 소설이 어떤 식으로든 이 조건들을 반영한다고 결론지을 수는 없다. 이런 편협한 관점과 대조적으로 마르크스주의는 우리의 물질적 욕구들과 능력들이 흔히 훨씬 더 웅장하다고 여겨지는 것들, 이를테면 예술, 법, 윤리, 정치, 철학 등에 남기는 흔적을 추적한다. 이런 의미에서 물질은 출발점에 불과하지 않다. 물질은 인간이 하는 활동들의 필수조건에 불과한 것이 아니라 그 활동들의 성격을 처음부터 끝까지 지배한다.

그럼에도 마르크스주의의 요점은 물질적 힘들로부터 어느 정도의 독립을 성취하는 것이라는 주장은 일리가 있다. 우리가 단지 불가피한 필요 때문에 생산한다면, 단지 결핍이나 동물적 욕구에 떠밀려 행동한다면, 우리는 인간 종으로서 가장 멋진 상태가 아니다. 우리가 그런 필요들로부터 어느 정도 거리를 둘 수 있을 때, 필요들을 채우기 위해서만이 아니라 또한 우리의 창조력을 발휘하기 위해서 생산할 때, 우리는 우리의 가장 멋진 상태에 이른다. 이미 보았듯이, 아이러니는 이 같은 물질로부터의 거리 자체가 오직 특정한 물질적 조건들 아래에서만 가능하다는 점이다. 우리는 그런 조건들을 넘어서기 위해서 그런 조건들을 필요로 한다. 인간관계에 대해서도 비슷한 이야기를 할 수 있다. 사회적 관계가 주로 필요와 효용에 의해 결정된다면, 우리는 서로의 존재를 그 자체로 즐길 수 없다. 타인의 존재 자체에 기쁨을 느끼려면, 타인을 주로 도구로 대하는 (계급사회가 우리에게 강요하는) 태도에서 벗어날 필요가 있다. 그리고 이 벗어남 역시 궁극적으로 물질적 자원의 증가에 의존한다. 한 감동적인 대목에서 마르크스는 심지어 고역에 찌든 현재에도 그 벗어남이 가능하다고 말한다.

공산주의 노동자들이 모이면, 그들의 즉각적 목표는 교육, 선전 등이 다. 그러나 또한 동시에 그들은 새로운 욕구를 얻는다. 그것은 사회 를 향한 욕구다. 그리고 수단으로 보이는 것이 목적으로 된다. ······ 담배 피우기, 먹기, 마시기 등은 이제 더는 사람들을 연결하기 위한 수단이 아니다. 그들은 함께 있음, 연합, 대화로 만족하며, 그것들의 목표는 사회다. 인간의 형제애는 공허한 문구가 아니라 현실이다. 노 동에 찌든 그들의 모습에서 인간의 고귀함이 빛처럼 뿜어져 나와 우 리에게 비춘다.[28]

✎

《독일 이데올로기》에서 마르크스는 이렇게 단언한다. "사회적 존 재는 의식에 의해 결정되지 않는다. 오히려 의식이 사회적 존재에 의해 결정된다."[29] 이 주장은 부주의한 사람들을 걸러내기 위해 설 치한 덫과 같다. 애당초 의식은 사회적 존재의 한 부분이다. 그런 데 어떻게 사회적 존재가 의식을 결정할 수 있단 말인가? 의미, 가 치, 판단, 의도, 해석은 사회적 활동과 별개가 아니다. 정반대로 의 미, 가치, 판단, 의도, 해석이 없으면, 사회적 활동은 있을 수 없다. 연인들의 다툼을 순전히 물리적으로 기술하는 것은 연인들의 다툼을 기술하는 것이 아니다. 인간의 활동은 **프로젝트**다. 곧, 현재 상황과 그 너머의 목표를 연결하는 합목적적 실천이다. 그리고 '무의미한^{meaningless}' 프로젝트란 있을 수 없다. 물론 '무의미하다'라는 말을 '소용없다'라는 뜻으로 쓴다면, 무의미한 프로젝트도 있을 수 있겠지만 말이다. 도심에서 고된 야근을 끝낸 후 진열창의 통유리를 몸으로 들이받아 깨버리는 행동은 '소용없다'는 의미에서는 무의미하지만 또 다른 의미에서는 그렇지 않다.

그렇다면 사회적 존재가 의식을 지배할 수 있다는 것은 어떤 뜻일까? 어떤 실천적 삶에 동참함으로써 의식화되는 개인들에게는 사회적 존재가 의식을 지배한다는 명제가 확실히 참이다. 하지만 더 일반적인 수준에서 그 명제는 어떤 의미에서 참일까? 이 질문에 대한 마르크스의 대답은 두 가지다. 첫째, 우리에게 생산을 강제하는 것은 물질적 욕구이며, 그런 욕구들은 일차적으로 의식의 소관이 아니다. 물론 그런 욕구들도 자각되어야만 충족될 수 있다. 이런 의미에서 사유는 물질적 필수 사항이다. 그러나 그런 욕구들은 정신이 아니라 몸에서 싹튼다. 아도르노는 《부정변증법 Negative Dialektik》에서 "우리의 사유는 욕구에서 비롯된다"라고 말한다.[30] 프로이트의 견해도 유사하다. 그가 보기에 아기는 신체적 충동들의 무질서한 집합에 사로잡혀 있으며, 자아는 그 집합으로부터 더 나중에 발생한다. 정신은 몸보다 더 늦게 등장한다. 뒤늦게 등장한 정신은 자신의 형성에 관여한 힘들 중 상당수를 억압하고 '무의식'이라는 비^非장소[•]에 처넣는다.

둘째, 이 대목에서 의식은 이중적인 의미를 가진다. 즉, 의식은 우리의 일상 활동에 함축된 생각들을 뜻할 수도 있고, 법, 예술, 정치, 이데올로기 같은 형식을 갖춘 개념 시스템을 뜻할 수도 있다. 마르크스는 이 모든 시스템들을 '상부구조^{superstructure}'라고 부른다. 그가 보기에 이런 의미의 의식은 실제로 결국엔 '토대'에 의해 결정된다. 그가 말하는 토대란 사회적 생산관계다. 그러나 토대와 상부구조 사이의 관계는 행동과 사유 사이의 관계와 동등하지 않다. 전자는 사회학적 사안인 반면, 후자는 인식론적 문제다. 사유는 활동에 내재한다. 활동이 사유의 물질적 소매라면, 사유는 활동의 개념적 안감이다. 반면에 비록 미래의 사회주의 질서 안에도 사회적 생산관계가 있겠지만, 마르크스는 상부구조가 계속 존재하리라고 예상하지 않는다. 이것은 공산주의 체제에는 예술이나 법, 정치가 존재하지 않으리라는 뜻이 아니다. 다만, 이 활동들이 지배계급의 권력을 정당화하는 데 동원되지 않으리라는 뜻이다.

상부구조와 토대 사이의 관계를 의식과 현실 사이의 관계로 여기는 것은 오해다. 오히려 전자는 상이한 사회제도 집합들 사이의 관계다. 나이트클럽, 법정, 의회, 박물관, 출판사 같은 상부구조의 설비들은 어선이나 통조림 공장에 못지않게 물질적이다. 콩 통조림 제작이나 청어 잡이에서와 마찬가지로, 그 설비들이 담당하는 프로젝트들에서 사유와 활동은 분리 불가능하다. '상부구조'라

• non-place. 장소 아닌 장소.

는 표현은 사유나 활동이 사회적 존재라는 물질적 토대와 관련해서 어떤 역할을 하는가를 서술한다. 그 표현은 우리가 먼저 활동하고 그 다음에 생각한다는 것을 함축하지 않는다.

생각은 물질적 역사에 토대를 둔다는 것이 마르크스주의의 견해라면, 이 견해는 마르크스주의 자신에도 적용되어야 한다. 마르크스주의는 자신의 기원에 대한 역사적 분석을 제시할 수 있어야 한다. 역사적 유물론은 자신을 유물론적으로 비판해야 한다. 실제로 마르크스주의는 어떻게 자신과 같은 사상이 발생하게 되었는지 설명할뿐더러 거기에서 한걸음 더 나아간다. 즉, 어떤 물질적 조건들이 충족되면 자신과 같은 사상이 다시 사라질 법한지도 간략하게 논한다. 마르크스는 자신의 믿음들 가운데 그 어떤 것도 영원하지 않다고 확신한다. 정반대로 그는 자신의 생각들이 역사 속에서 빨리 망각될수록 더 좋다고 여긴다. 철학은 자신의 폐지를 주요 목표로 삼은 활동이다. 이것은 철학 업계 종사자 대다수의 견해가 아니다. 플라톤이나 칸트가 자신들의 철학이 쓰레기통에 던져질 날을 고대하는 것은 상상하기 어렵다. 반면에 마르크스는 바로 그런 날이 오기를 바란다. 마르크스주의가 21세기에도 비록 팔팔하지는 않더라도 여전히 살아 있음을 알게 된다면, 마르크스는 틀림없이 실망할 것이다. 마르크스주의가 여전히 영업 중이라는 것은 마르크스주의가 실천적으로 현실화되지 않았음을 뜻할 수밖에 없다. 마르크스주의가 실천적으로 현실화되고 나면, 마르크스주의 자체는 차츰 시들어 사라질 수 있을 것이다. 유대인임이나 혈우병

환자임과 달리, 마르크스주의는 엄격하게 일시적인 사안이다. 마르크스주의의 목표는 자신을 실현하면서 또한 제거하는 것이다. 해방된 사회에는 해방을 논하는 이론이 필요하지 않을 것이다. 그런 이론의 임무는 자신이 불필요해지는 사회의 탄생에 기여하는 것이지, 자신이 계속 고용되기를 바라며 어슬렁거리는 것이 아니다.

철학은 역사적 실천들을 꼼꼼히 살피면서 정작 철학 자신도 그런 실천들 중 하나라는 점을 망각하는 경향이 있다. 실제로 존 맥머리의 주장에 따르면 "어떤 역사적 시대의 철학이든지 그 시대의 삶을 그 시대의 예술보다도 더 명확하게 반영한다".[31] 니체는 이렇게 조롱한다.

당신은 나에게 철학자들의 기이한 특징에 대해서 묻는가? 그들은 역사 감각이 없으며 심지어 되어감[becoming]이라는 개념조차 증오한다는 점을 지적하겠다. …… 그들은 대상을 탈역사화하면서 …… 미라로 만들면서 자신들이 대상에 **경의**를 표한다고 생각한다. 수천 년 동안 철학자들이 다뤄온 모든 것은 개념적 미라다. 어떤 현실적인 것도 그들의 손아귀에서 산 채로 빠져나오지 못했다.[32]

반면에 마르크스는, 셰익스피어가 열역학 제2법칙을 우연히 발견하는 것이 불가능함과 마찬가지로, 자신의 사상이 제프리 초서의 시대*에 출현하는 것은 불가능함을 잘 안다. 마르크스주의는 자신이 가능하고 또한 반드시 역사의 무대에 올라야 할 때만 역사의 무대에 오른다. 역사의 진화가 예컨대 마르크스주의가 사용하는 범주들(추상적 노동, 상품, 잉여가치 등)이 현실에서 가용한 수준까지, 또 그 범주들의 적용이 인간 해방을 위해 필수적이라고 여겨지는 수준까지 이르렀을 때, 마르크스주의는 역사의 무대에 오른다. 사회주의 정치가 이륙하려면, 알맞은 인간 해방의 도구[instrument]가 이미 출현한 상태일 필요가 있다. 그리고 마르크스가 보기에 그 도구는 노동계급이다.

철학이 일반적으로 자신의 사회적 맥락에 많은 주의를 기울이지 않는다는 사실은 마르크스가 철학이라는 활동을 그리 좋아하지 않는 한 이유다. 니체, 비트겐슈타인과 마찬가지로 마르크스는 철학을 거의 신뢰하지 않는 탁월하게 독창적인 철학자다. 실제로 그의 한 저작의 제목은《철학의 빈곤[Misère de la philosophie]》이다. 마르크스는 '유물론적 철학'이라는 용어를 형용모순으로 느꼈을 법하다. 때때로 그는 마치 철학이 고질적으로 관념론적인 활동인 것처럼 주장하니까 말이다. 만일 그가 정말로 그렇게 생각했다면, 그는 명백히 오류를 범했다. 그러나 그가 그렇게 생각했다고 보기는 어렵다. 그는 프랜시스 베이컨 같은 경험론적 혹은 유물론적 철학자들의 업적을 잘 알았으니까 말이다. 마르크스는 베이컨의 철학을 칭찬했다. 또한 그는 프랑스 계몽주의의 급진적 철학자들도 잘 알았다. 오히려 마르크스 본인이 당대 독일에서 맞닥뜨린 철학이 대체

• 14세기.

로 관념론적이었다는 것이 진실에 가깝다. 이 때문에 그는 때때로 관념론을 철학 그 자체로 오인했던 것으로 보인다.

대체로 마르크스가 관념론적 세계관을 거론하는 유일한 목적은 그 세계관이 사이비 문제들의 집합이요 물질적 조건이 바뀌면 사라질 키메라chimera임을 폭로하기 위해서다. 이 폭로는 몇몇 개념적 수수께끼들에는 타당할 수 있다. 과거에 철학자들을 괴롭힌 많은 문제들을 오늘날 우리는 해결했다기보다 무의미하다고 보고 일축했다. 핀의 머리 위에서 천사 몇 명이 춤출 수 있는가라는 질문에 만족스러운 대답을 제시한 사람은 아무도 없다. 그 이유는 그 질문이 우리의 정신적 능력을 뛰어넘기 때문이 아니라 우리가 해야할 더 중요한 일들이 있기 때문이다. 그러나 이것은 철학 자체를 집어치워야 한다는 뜻이 아니다. 정치적 혁명이 시간의 본성이나 도덕의 토대에 관한 질문들을 해결해줄지, 혹은 왜 아무것도 없지 않고 무언가 있느냐는 질문의 답을 충분히 명확하게 알려줄지 의심스럽다. 마르크스 본인의 '신체적' 철학이 사회주의에 밀려 퇴물로 전락할 가능성은 낮다. 더구나 생각하기가 즐거울 수 있다면, 떠나는 철학의 뒷모습을 보기를 원할 이유가 대체 무엇이란 말인가.

철학을 대하는 마르크스의 태도는 비트겐슈타인의 그것과 놀랄 만큼 유사하다. 두 사람 다 철학은 무언가 문제가 생겼을 때만 필수적이라고 믿는다. 마르크스에 따르면, 우리가 세계와 맺는 관계는 일반적으로 이론적 관계가 아니다. 그러나 때때로 우리는 이론이라는 비정상적 담론 형식에 빠져들 필요가 있으며, 그 유일한

목적은 그 담론 형식을 다시 내팽개칠 수 있는 지점에 도달하는 것
이다. 그러나 이 대목에서 마르크스와 비트겐슈타인 사이의 중요한
차이점이 불거진다. 마르크스가 철학의 마당을 청소하는 의도는 그
자신의 이론(역사적 유물론)을 출범시키기 위해서인 반면, 비트겐슈
타인은 그런 이론화theorize 전체를 미심쩍은 눈초리로 본다. 그는 '이
론화'라는 단어를 경멸적인 의미로 사용하는 경향이 있다. 이런 차
이에도 불구하고 두 저자는 사상이 자율적 활동이라는 견해를 깊
이 의심한다는 공통점이 있다. 철학은 사상의 기원을 기존 사상에
서 찾는 경향이 있다. 대체로 철학은 지적 활동이 실천적 실존과 결
합되어 있다고 여기지 않는다. 실제로 대중의 통념 속에서 철학은
실천의 반대다. '그 사람은 철학적이었어He was philosophical about it'라는 말
은 그가 자신은 아무것도 할 수 없다고 결론지었다는 뜻이다.

　이런 태도는 그리 놀랍지 않다. 철학자들이란 일반적으로 대
단히 실천적인 사람들은 아니니까 말이다. 플라톤은 수공업을 나
쁘게 본다. 수공업이 없었다면, 플라톤 본인의 저술이 불가능했을
텐데도 말이다. 모든 철학 연구의 전제조건은 눈에 띄지 않는 무수
한 건설노동자, 배관공, 직공織工, 농부, 트럭 운전사, 벌목꾼, 칠장
이 등이다. 발터 베냐민의 표현을 빌리면, 이 사람들이 "다루는 투
박하고 물질적인 것들이 없으면 세련되고 정신적인 것들은 존재할
수 없다".[33] 어느 꼬마에 관한 이야기가 있다. 옥스퍼드 대학교 소
속 철학자의 아들인 그 아이는 집에 온 손님을 아버지의 서재로 안
내한다. "이 책들 좀 보세요. 엄청나죠?" 아이는 서가에 가득 찬 아

버지의 저서들을 가리키며 자랑스럽게 말한다. "전부 다 우리 엄마가 타이핑한 거예요." 영혼과 몸이 어떻게 연결되어 있는지가 철학자들의 오랜 수수께끼라는 점은 놀랍지 않다. 또한 한가하게 거리를 두고 세계를 관조하며 시간을 보내는 이들이 세계의 존재를 의심하게 될 수도 있다는 점 역시 놀랍지 않다. 철학적 관념론은 철학자 자신의 처지를 세계 전체로 투사한다(전적으로 그렇지는 않더라도, 어느 정도 그러하다). 이런 의미에서 철학적 관념론은 특수한 물질적 조건의 산물이며, 따라서 정신의 주권sovereignty에 대한 관념론 자신의 믿음을 스스로 허물 위험이 있다.

그러나 마르크스가 보기에 문제는 교수의 비실천성에 국한되지 않는다. 생각이 물질적 실재로부터 자유롭다는 착각은 정신노동과 육체노동의 분리에서 유래하며, 그 분리는 사회 진화의 특정 단계에서만 발생할 수 있다. 마르크스에 따르면, 경제적 잉여의 생산이 지식계급의 출현을 가능케 하면,

> 그 순간부터 의식은 자신은 실존하는 실천의 의식이 아니라 무언가 다른 것이라고, 자신은 정말로 무언가를 표상하지만 실재하는 무언가를 표상하는 것은 아니라고 제대로 우쭐거릴 수 있다. 이제부터 의식은 자신을 세계로부터 해방시켜 '순수한' 이론, 신학, 철학, 윤리학 등으로 나아갈 수 있다.[34]

요컨대 역설적이게도, 의식은 물질적 실존으로부터 분리된 구역이

라는 확신은 탄탄한 물질적 토대를 가지고 있다. 사상과 실재 사이의 간극은 다름 아니라 실재의 산물이다. 사상과 실천적 실존은 서로 분리되는 방식으로 관계 맺는다. 그리고 이 분리는 물질적 귀결들을 가진다. 사상은 마르크스가 말하는 사회 변혁을 위한 '물질적 힘'이기를 그친다. 대신에 사상은 사회적 목적들로부터 초연한 바로 그런 모습으로 사회 안에서 파르티잔partisan의 구실을 한다. 요컨대 사상과 실재 사이의 외견상의 비非관계는 그 양자가 가장 밀접하게 결합하는 한 방식이다.

마르크스는 이렇게 말한다. "철학자의 뇌 속에서 철학 시스템을 건설하는 바로 그 정신이 노동자의 손을 가지고 철도를 건설한다. 인간의 뇌가 위장이 아니라는 이유로 인간 바깥에 있지 않은 것과 마찬가지로 철학은 세계 바깥에 있지 않다. …… 머리 역시 세계에 속한다."[35] 마르크스가 "어쩌면 …… 현대의 가장 위대한 반反철학자"[36]로 불리는 것은 이런 정서 때문이다. 반철학자란 사상을 의심하는 사상을 내놓는 사상가(마르크스, 니체, 프로이트), 또는 일반적으로 인정받는 철학하기의 양식 전체를 회의하는 사상가(데리다), 또는 철학 자체의 가치를 심각하게 의심하는 사상가(마르크스, 비트겐슈타인)다. 카니발적인carnivalesque 반철학자들도 있다(니체, 미하일 바흐친). 그들은 사상의 거들먹거리는 자존심에 구멍을 내고 역겨운 몸뚱이를 들이대 사상을 곤혹스럽게 만드는 것을 자신들의 사명으로 삼는다. 니체는 《보라 이 사람이로다Ecce Homo》에서 자신은 철학자가 아니라 다이너마이트라고, 교수들의 철학관이 제거된 세계를 철학관으로 가진 "끔찍한 폭발물"이라고 선언한다.[37] 토마스 아퀴나스는 역사를 통틀어 가장 웅장한 철학적 신학 저서인 자신의《신학대전Summa Theologiae》을 "지푸라기" 더미에 비유하며 내던졌다. 그는 그 작품이 걸작임을 틀림없이 알았을 텐데도 미완성 상태에서 펜을 내려놓았다. 아마도 의도된 겸손의 행동이었을 것이다.

이성은 맨 밑바닥에 도달하지 못한다는 확신을 품고, 반철학자들은 더 원초적인 실재를 찾아 이성의 밑창을 뚫고 내려간다. 그실재는 힘, 욕망, 차이, 생리학, 감정, 생활 경험, 종교적 신앙, 물질적 이해관계, 평범한 사람들의 삶 등이다. 루트비히 포이어바흐의 말을 빌리면, 반철학은 "인간 안에서 철학하지 않는 부분, 오히려 철학과 추상적 사고에 반대하는 부분"에 관심을 기울인다.[38] 반철학은 철학적 담론을 내치지 않는다. 오히려 철학적 담론이 억압하는 것을 주목함으로써 철학적 담론을 재구성한다. 철학이 무언가에 대해서 침묵할 수밖에 없다면, 반철학은 그 무언가에 대해서 말해야 한다.

다른 방식의 생각하기를 추구하는 과정에서 이 저자들의 대다수는 철학과 문학 사이의 구분에 의문을 제기하는 대안적 글쓰기 형식을 발명할 수밖에 없게 된다(키르케고르, 니체, 베냐민, 비트겐슈타인, 아도르노, 식수Hélène Cixous, 데리다). 비트겐슈타인에 따르면, 윤리란 이론이나 교리가 아니라 어떻게 살 것인가라는 질문이므로, 윤리를 가장 강력하게 비출 수 있는 것은 철학이 아니라 예술이다. 사람들은 도덕적 통찰을 얻기 위해 톨스토이와 도스토옙스키를 읽지, 스피노자나 칸트를 읽지 않는다. 비트겐슈타인은 자신의 후기 사상이 철학사 내의 한 "뒤틀림[kink]"이며 과학에서 동역학의 발명과 유사하다고 말했다. 그는 자신을 한때 철학이라고 불린 과목의 계승자로 여긴다.[39] "반철학은 …… 통상적인 철학보다 더 비전문적이고, 더 재미있고, 더 암시적이며, 더 섹시하고, 무엇보다도 더 많이 '저술된다'"라고 리처드 로티는 힘주어 말한다.[40] 후기에 대단히 독자 친화적인 문체를 구사한 비트겐슈타인은 철학을 시로 저술해야 한다고 주장했고 전체가 농담으로 이루어진 철학 작품의 저술을 꿈꿨다(비트겐슈타인은 유머 감각이 대단히 뛰어난 인물이 아니었다. 이 야심이 실현되지 않은 것은 어쩌면 다행이다). 탁월한 문장가 니체는 다른 모든 사람들이 책 한 권으로 할 이야기를 열 문장으로 압축해서 하기를 열망한 아포리즘의 대가였다. 발터 베냐민은 초현실주의[surrealism]에 깊은 관심을 가진 사람답게 전체가 이미지들로 이루어진 책을 쓰고 싶어 했다.

마르크스와 비트겐슈타인은 사상이 사회적 맥락에서 뜯겨 나가면 사물화될 수 있다는 점을 예민하게 경계했다.[41] 《독일 이데올로기》에서 마르크스는 이렇게 논평한다.

철학자들의 언어는 일상 언어로부터 추상된 것인데, 철학자들이 자신들의 언어를 일상 언어로 해체하기만 하면, 자신들의 언어가 현실 세계의 왜곡된 언어라는 것을 알아보고, 사상도 언어도 그 자체로 독자적인 영역을 이루는 것이 아니라 현실적인 삶의 표현에 불과하다

는 것을 깨닫게 될 것이다.[42]

이 주장은 비트겐슈타인의 후기 저술에 거의 글자 그대로 삽입해도 어색하지 않을 법한데, 어쩌면 그 이유는 비트겐슈타인이 위 인용문이 담긴 문헌을 익히 알았기 때문일지도 모른다. 《독일 이데올로기》는 1932년 영국에서 출판되었고, 비트겐슈타인은 케임브리지 대학의 마르크스주의자 동료들 중 누군가에게서 그 문헌을 건네받았을 가능성이 있다.

토머스 하디의 소설 《이름 없는 주드Jude the Obscure》에서 우리는 사상이 자신의 맥락에서 뜯겨 나간 상황을 목격한다. 이 작품의 제목 아래에는 이런 문장이 붙어 있다. "문자는 사람을 죽인다The letter killeth." 이 소설은 우상, 미신, 유령, 유효한 환상으로 가득 차고 물신 숭배자와 강신술사가 우글거리는 빅토리아 시대 후기의 영국을 묘사한다. 그것은 죽음과 사랑에 빠진 시간屍姦적 necrophiliac 사회질서다. 그 안에서 산 자의 운은 죽은 신념들의 독재 아래 놓인다. 이 소설은 자본주의가 지독하게 유물론적인 동시에 해괴하게 탈물질적이라는 것, 너무 육체적인 동시에 너무 에테르적이라는 것을 나름의 방식으로 파악한다. 마르크스는 똑같은 이중성을 상품 형식commodity form에서 발견한다.

유효한 환상을 가리키는 한 이름은 소설이다. 초판 서문에서 하디는 《이름 없는 주드》를 "살과 정신 사이의 치명적인 전쟁"을 극화한 작품으로 설명한다. 그가 말하는 전쟁이란 사회질서의 물질적 제도들이 인간의 자유를 좌절시키는 상황이다.《이름 없는 주드》가 유물론적 작품이라면, 그 이유들 중 하나는 정신–신체 이원론의 이 같은 사회적 버전을 이 작품이 거부하는 것에 있다. 그 거부의 방식은 그 이원론의 해소를 약속하는 두 가지 인간적 활동을 지목하는 것이다. 한 활동은 예술, 더 정확히 말하면, 석공 주드 폴리가 생업으로 삼는, 옥스퍼드 대학교의 낡은 건물들을 수리하는 수공예다. 돌을 조각하는 것은 물질 덩어리에 의미를 집어넣는 일, 물질 덩어리를 정신의 기표로 변환하는 일이다. 옥스퍼드 대학교는 주드의 학부 입학을 거부했지만, 주드는 그렇게 그의 진입을 불허한 바로 그 건물들의 벽을 튼튼하게 만드는 일로 시간을 보낸다. 그러나 소설은 이 노동이 교수들의 연구보다 더 소중하다는 점을 충분히 명확하게 밝힌다.

살–정신 이원론의 초월을 약속하는 또 다른 활동은 성적인 사랑이다. 주드와 수 브라이드헤드가 맺는 관계에서 몸들의 상호성은 살의 표현력이 향상됨에 따라 자아들의 호혜성을 위한 기회가 된다. 그러나 그것은 빅토리아 시대 영국이 쉽게 수용할 만한 유형의 성적 평등이 아니다. 이 때문에 당대 영국은 주드의 내면에 개입하여 그 관계를 파탄 내고 소설의 주인공인 그를 죽이고 그의 파트너를 죄책감에 휩싸인 자기혐오로 몰아간다. 성적 억압은 마르크스가 관심을 기울인 주제가 아니다. 그러나 그가 주드의 수공예에서—그 수공업을 둘러싼 온갖 음울한 조건들에도 불구하고—소외되지 않은 노동의 한 이미지를 보았으리라는 점은 의심할 여지가 없다. 이른바 수공예craft는 예술의 내재적 즐거움과 노동의 실용성을 매개한다. 주드 폴리 같은 사람들을 내치지 않고 환영하는 사회질서를 추구하면서 마르크스가 염두에 두는 생산의 이미지가 바로 그런 수공예다.

4장
쾌활

마르크스와 니체는 정치적으로 워낙 상반되기 때문에, 둘 사이에 얼마나 많은 공통점이 있는지 간과하기 쉽다. 두 사람 다 고귀한 것이 저속한 것에 기원을 둔다고 보는 유물론자다. 두 사람 다 앎이 본질적으로 실천적이라고 여기며 몸을 앎의 토대로 삼는다. 마르크스가 보기에 계급사회에서 앎은 주로 권력에 봉사하고, 니체가 보기에 앎은 바로 그 역할을 때와 장소를 가리지 않고 한다. 실제로 권력은 두 사람 모두의 중심 주제다. 물론 니체는 권력을 궁극의 실재로 여기는 반면, 마르크스는 더 근본적인 어떤 것, 즉 권력이 보호하거나 차지하려고 다투는 물질적 이익을 상정한다는 차이가 있지만 말이다. 아마도 마르크스는 세계를 권력을 향한 의지로 이해하는 니체의 생동감 넘치는—세계를 모든 물체가 다른 물체들을 지배함으로써 성장하고 번창하려 애쓰는 장소로 보는—세계관을 일종의 우주적 자본주의로 보고 일축했을 것이다. 니체에 따르면, "삶 자체가 **본질적으로** 더 약한 타자를 자기 것으로 만들기, 해치기, 지배하기다. 그런 타자를 억누르기, 무자비하게 다루기, 지배자 자신의 형태로 만들기, 합병하기, 최소한 (이것이 가장 부

드러운 방식인데) 착취하기다".[1] 이 세계관 앞에서 공포와 황당함에
말문이 막히는 경건한 부르주아에게 니체는 이렇게 타이른다. 너
자신의 일상 행동에 내재하는 믿음들을 돌아보라. 네가 교회에서
읊조리는 문구 말고 너의 회계장부를 검토하면서 하는 행동을 주
목하라.

마르크스와 니체는 둘 다 관념론의 위로를 경계한다. 둘 다 아
주 많은 사람들이 허위의식에 물들어 있다고 본다(마르크스는 일시
적으로 그러하다고 보는 반면, 니체는 영구적으로 그러하다고 본다). 단
호한 세속적 사상가인 그들은 형이상학적 허구와 가짜 정신성을
깡그리 거부한다. 두 사람 다 이타주의와 박애주의가 가혹한 착취
가 판치는 현실을 은폐하지 않는가 의심한다. 또한 그들은 (니체의
말을 빌리면) "부도덕가^{immoralist}"다. 도덕을 자율적인 독자 영역으로
취급하기를 거부하고 더 광범위한 물질적 역사에서 도덕이 하는
역할을 강조한다. 그들이 역사주의자라는 점 역시 두 사람의 공통
점이다. 니체를 역사적 유물론자로 볼 수는 없겠지만, 그의 사상은
역사주의적이며 또한 유물론적이다. 마르크스와 니체의 역사관도
어떤 의미에서 유사하다. 인류 역사는 대체로 폭력과 분쟁과 억압
의 피로 물든 이야기라는 것이 두 사람의 공통된 견해다. 물론 차
이도 있다. 마르크스는 그 이야기에서 이해 가능한 패턴을 식별해
내는 반면, 니체는 그 이야기를 "무의미와 우연의 섬뜩한 지배"라
고 부른다.[2]

마르크스가 보기에 우리는 오직 과거의 트라우마를 회상함으

로써만 미래로 나아갈 수 있다. 니체가 보기에 우리는 오로지 영웅적 의지를 품은 망각을 통해서만 힘차게 전진할 수 있다. 그러나 두 사상가 모두 비참한 인류 역사를 극복할 수 있다고 확신한다. 그 극복을 위한 마르크스의 열쇠는 공산주의, 니체의 열쇠는 초인Übermensch의 도래다. 어느 쪽이든지, 그 초월의 씨앗은 이미 뿌려졌다. 역설적이게도, 바로 현재의 불행 안에 이미 뿌려져 있다. 니체가 말하는 '도덕의 시대'는 인류의 자기 괴롭힘과 자기혐오의 연대기다. 그러나 그 활기 없는 시대는 인류를 세련화하고 정신화함으로써 극소수 사람들이 신처럼 되기를 선택할 기반을 마련한다. 마르크스는 더 보편적인 구원을 내다본다. 그러나 그의 구원도 역경을 거쳐 도래할 것이다. 즉, 지상의 비참한 자들이 권력을 쥠으로써 구원이 이루어질 것이다.

두 사상가 모두에게 승리는 약함에서, 약함을 뚫고 튀어나온다. 니체가 보기에 인간은 "다른 어떤 동물보다 더 병들었고, 불확실하고, 가변적이고, 우유부단하지만"[3] 찬란한 미래를 품고 있다. 두 사상가 모두 문명이 인류에게서 받아내는 경악할 만한 대가—테오도어 아도르노가 말하는 "문화의 바위 아래 우글거리는 공포"[4]—를 알면서도 문명 찬가를 부른다. 역사에서 모든 진보는 예속이라는 동전을 대가로 받아냈다. 문명을 향한 작은 발걸음 하나하나가 정신적 신체적 고문을 통해 성취되었다. 이를 확신한다는 점에서 마르크스와 니체는 사상적으로 지크문트 프로이트와 유사하다. 프로이트가 보기에 문명이 사람들에게 요구하는 희생은 참아낼 가치가 있는 정도보다 더 고통스러울 가능성이 높다. 실제로 이 세 사람은 비극적 사상가들이라고 할 만하다. 이는 그들이 미래가 현재보다 덜 음울하리라는 희망을 버리기 때문이 아니라, 오직 이루 말할 수 없이 끔찍한 역사의 토대 위에서만 현재보다 덜 음울한 미래를 확보할 수 있다고 믿기 때문이다. 이 공포를 직시하면서도 긍정할 수 있다는 점에서 그들의 비극적 정신은 유례를 찾기 어렵다.

마르크스는 평범한 사람들을 옹호하고 니체는 그들을 채찍질하지만, 두 사상가는 이제껏 언급한 것 이외의 지점들에서도 만난다. 마르크스가 종교를 이데올로기와 똑같이 일축한다면, 니체는 근대가 목격한 종교의 범죄와 어리석음에 맞서서 어쩌면 가장 웅장한 논쟁을 펼친다. 두 사람 다 낭만주의적 자기실현의 윤리를 받아들인다. 그 윤리에서 좋은 삶이란 자기 역량의 자유로운 표현에 있으며, 그 표현은 그 자체로 목적이다. 두 사람 다 그런 창조의 모범을 예술에서 발견한다. 니체 철학의 주제는 시종일관 예술이다.[5] 하지만 두 철학자는 서로 다른 점들도 있다. 이미 언급한 대로 마르크스에게 자기실현은 상호적인 사안이어야 하는 반면, 니체의 오만한 초인은 경멸을 품은 외톨이로서 인간적 연민과 연대를 업신여긴다. 평등의 관념은 니체가 느끼는 사물들 각각의 유일무이성에 대한, 한 현상과 다른 현상을 동일한 잣대로 잴 수 없음에 대한 모욕이다. 니체에게는 '잎'이나 '폭포'라는 단어조차도 진실의 위조다. 이 점에서는 마르크스도 유사하다. 그는 정신의 교환가치라고 할 만한 것을 거부하며, 모든 추상적인 평등관을 사회주의적이지 않고 부르주아적이라는 이유로 일축한다.

니체는 놀랄 만큼 모험적인 사상가다. 철학적 관점에서 보면, 마르크스보다 니체가 훨씬 더 급진적이다. 그는 진리, 사실, 객관성, 논리, 객체, 주체, 행위자, 영혼, 본성, 의지, 법, 과학, 진보, 덕, 인과, 필연, 실체, 목적, 통일성, 속성, 존재, 자아, 동일성, 종^{species}, 물질성, 양심, 지속, 그 밖에 통상적으로 받아들여지는 여러 관념을 의심한다. 그러니 온전히 남는 것이 별로 없다. 니체는 중산층의 윤리학과 인식론을 거부하고 감상적 관념론을 비웃고 과학적 토템*과 초자연적 위안을 깨부수고 모든 사회적 질서와 정치적 안정을 떠받치는 토대를 걷어찬다. 정말로 그는 어느 모로 보나 스스로 자부하는 만큼 위험한 사상가다.

정치적 관점에서 니체는 마르크스 못지않게 급진적이다. 이 말에 수긍하려면, 급진주의가 좌파의 전유물이 전혀 아니라는 점을 상기할 필요가 있다. 사람이 스스로 하는 말을 곧이곧대로 받아들여야 한다면, 니체는 미래에 세계적인 전쟁이 일어나리라고 예상한다. 그 전쟁에서 노예제가 부활할 것이며, 가난한 자들은 번식이 방지되고 약자들은 짓밟히거나 심지어 몰살당할 것이다. 니체는 《안티크리스트 $^{Der\ Antichrist}$》에서 "약자들과 체질이 나쁜 자들은 소멸할 것이다"라고 선언한다.[6] 하지만 그들이 저절로 줄어들고 사라

---

* 신성한 상징물.

질 것인지, 혹은 니체 같은 사람들이 약간 역할을 해서 그들이 소멸할 것인지는 불분명하다. 니체 정치학의 잔인성은 그의 사상의 미묘함과 두드러지게 대비된다. 평화, 동정심, 민주주의, 나약함, 독립적인 여성, 프롤레타리아 떼거리의 불구대천의 원수로서 니체는 잔인한, 혹독한, 사악한, 남성적인, 악의적인, 보복적인, 지배적인 모든 것을 사랑한다. 이웃 사랑은 비열하며, 연민은 진화의 법칙에 반한다. 정신적 위험의 원천은 악한 자가 아니라 병든 자다. 신약성서에서—니체는 신약성서가 우량한 가정교육을 받지 못했다고 익살스럽게 비난한다—프랑스혁명이라는 대참사로, 또 거기에서 가장 혐오스러운 하층민들, 곧 온순하게 자기 몫에 만족하는 노동자들에게 부러움과 복수심을 가르치는 사회주의자들로 이어지는 치명적인 계통선이 있다. 대중의 끔찍한 복수에 대한 공포는 니체의 글에서 일종의 서브텍스트subtext로서 일관되게 이어진다. 실제로 니체의 주요 작품들은 파리코뮌의 그림자 속에서 저술되었다.

요컨대 마르크스와 달리 니체는 함께 술집을 순례할 동무로서 이상적이지 않다. 그를 변호하기 위해 할 수 있는 말은 그가 독일 민족주의를 혐오했고 반유대주의에 경멸을 표했다는 것이 전부다. 비록 니체 본인도 반유대주의적 발언을 적잖이 했지만 말이다. 그는 마르크스에 못지않게 냉혹하게 정통 사회를 비판했다. 그러나 혁명적 좌파의 관점에서가 아니라 극우파의 관점에서 그렇게 했다. 혁명적 좌파는 니체와 맞붙어 싸울 수밖에 없다. 자신과 마찬가지로 역사주의적 유물론적 성향을 지녔으며 형이상학적 신화와 감상적 도덕주의를 혐오하지만, 보아하니 빈자들의 얼굴을 흙먼지 속에 더 깊이 짓뭉개기를 열망하는 사상가 니체와 말이다.•
포스트구조주의자들의 니체 해석 대다수는 간단히 니체의 정치학을 억누르는 수법으로 이 딜레마를 회피한다.

마르크스와 마찬가지로 니체는 신체적 유물론자다. 《차라투스트라는 이렇게 말했다Also sprach Zarathustra》에서 그는 "영혼이란 몸에 관한 무언가를 가리키는 단어일 뿐이다"라고 단언한다. 철학책 읽기보다 서부영화 보기를 더 좋아한 사람으로서는 놀랍게도 비트겐슈타인은 이 문장을 잘 알았던 것으로 보인다. 그는 니체 철학을 모르는 사람이 전혀 아니었다. "나는 지금 '그리고 영혼 자체는 단지 몸에 관한 무언가다'와 비슷한 말을 하는 것일까?"라고 비트겐슈타인은 자문한 다음에 이렇게 자답한다. "아니다. (나는 그럴 정도로 범주들이 궁한 형편이 아니다.)"[7] 하지만 비트겐슈타인이 말하려는 바는 영혼 개념이 우리의 언어놀이에서 합법적인 역할을 한다는 것이지, 영혼과 몸이 실존적으로 별개라는 것이 아니다. 니체는 이렇게 말을 잇는다. "당신은 '나'라고 말하면서 그 단어를 자랑스러워 한다. 그러나 그 단어보다 더 위대한 것은─비록 당신은 믿으려 하지 않겠지만─당신의 몸, 그리고 '나'라고 말하지 않고 '나'를 실행하는 그 몸의 영리함이다."[8]

요컨대 몸은 정신이 전혀 모르는 고유의 지혜를 지녔다. 그 지

• 빈자들의 얼굴을 짓뭉갠다는 표현은 구약성서 이사야 3장 15절에 나온다.

혜는 의식보다 더 풍부하고 놀라운 현상이다. 니체가 보기에 의식
은 피상적인, 일반화하는, 위조하는, 상당히 멍청한 놈이다. 영혼의
개념은 몸을 폄하하고 병에 걸린 것처럼 보이게 만들기 위해서 발
명되었다고 니체는 주장한다. 그 개념은 우리의 다부진 동물적 본
능들이 좌절을 겪고 어쩔 수 없이 제자리로 돌아와 내부 공간을 창
출하고 그 안에서 곪고 병들어갈 때 비로소 발생한다. 이런 의미에
서 주체성은 그 자체로 일종의 병이다. 이른바 정신은 우리의 생동
하는 본능들을 감염시켜 머뭇거리게 하는 햄릿형Hamlet-like 바이러스
다. 정신은 유기체의 결함이며 우리의 자발적 활동을 망치는 흠집
이다. 한편, 영혼을 문법적 습관으로, 우리를 속여서 무슨 일이 일
어나든지 그것을 설명하기 위해 주체를 상정하게 만드는 언어의
계략으로 볼 수도 있다. 이것이 비트겐슈타인풍의 입장인데, 이 입
장은 나중에 살펴볼 것이다.

　　니체는 "인간의 기원을 '정신'에서, '신성함'에서 찾을" 생각이
더는 없다. "우리는 인간을 동물들 속으로 되돌려놓았다."⁹ 《즐거운
학문Die fröhliche Wissenschaft》에서 그는 이제껏 철학은 "단지 **몸에 대한 오
해**와 해석에 불과하지 않았나"라고 자문하면서, 모든 전통적 사상
의 커다란 맹점은 바로 몸이라고 평가한다. "철학은 **몸**을 배제한다.
감각들에 관한 이 끔찍한 (존재하는 모든 논리적 오류들에 감염된) 고
정관념은 워낙 경솔해서 마치 진실인 척 행세하지만, 반박되었고
심지어 불가능하다."¹⁰ 니체 자신은 철학적 왕따인 몸에게 우호적
인 손을 내밀고 역사, 문화, 예술, 이성을 몸의 욕구들과 혐오들을

통해서 다시 생각하고자 한다.《권력을 향한 의지》에서 그는 "우리의 욕구들이 세계를 해석한다"라고 말한다.[11] 니체가 보기에 몸은, 고정된 경계가 없으며 환경을 정복하는 과정 속에서 끊임없이 외부 재료를 동화하여 자신의 물질로 만드는 개방적 가변적 현상이다.

마르크스와 유사하게 니체는 의식이 "사회적 교류를 통해서, 또한 사회적 교류의 이익을 위해서 진화했다"고 본다.[12] 그러나 니체가 보기에 의식은 터무니없이 과대평가되어왔다. 생각하기란 세계의 복잡성을 이를 데 없이 허술한 스케치로 환원하기다. 사상가란 단순화하는 자라고 니체는 조롱한다. 마르크스와 똑같이 그는 언어란 활동하는 의식이라고 본다. 그러나 니체가 보기에 언어는 경험의 농밀함을 치명적으로 희석한다. 참truth 역시 그 중요성이 과장되었다. 생산적인 거짓이 더 선호할 만한 것으로 판명되기에 충분한 상황들이 있다. 참은 인간의 삶을 보존하고 강화하려는 욕구의 도구일 뿐이다. 그리고 니체는 그 욕구를 '권력을 향한 의지'라고 부른다. '무엇임을 알기knowing that'는 '어떻게를 알기knowing how'에 의존한다. 이 주장은 비트겐슈타인의 철학에서도 등장한다.

프로이트와 마찬가지로 니체에게 정신은 신체적 욕구들의 산물이다. 이른바 '심리생리학자들psycho-physiologists', 곧 니체 자신을 닮은 미래의 철학자들은 다른 철학자들이 순수한 정신의 영역으로 간주하는 곳에서 몸의 불가사의한 중얼거림을 들을 수 있다. 이제 생리학이 출발점으로 되어야 한다. 칸트는 우리의 지각들의 통일성을 설명하기 위해 특별한 능력을 상정하지만, 니체는 그 통일성을 몸 자체의 업적으로 본다. 우리 의식의 삶 전체는 우리의 기본적인 동물적 기능들에 복무한다. 그리고 철학은 이 굴욕적인 진실을 억누르는 사유 양식에 우리가 붙인 명칭이다. 언뜻 보면, 몸은 인간 존재에 관한 가장 탄탄하고 자명한 사실처럼 느껴질 것이다. 그러나 실제로 몸은 사유가 도무지 진입할 수 없는 어둠의 대륙이다. 우리는 우리의 생각 또는 행동 하나를 이루는 무수한 충동들을 알아챌 수 없으므로, 우리에게 우리 자신은 근본적으로 설명 불가능한 대상이다. 요컨대 가장 확실하게 손에 잡히는 수수께끼가 가장 심오한 수수께끼다. 《아침놀Morgenröthe》에서 니체는 정신이란 알려지지 않았으며 어쩌면 알 길 없는 텍스트(몸)에 관한 "다소 환상적인 주석"이라고 말한다.[13]

니체의 신체적 유물론은 헛웃음을 자아내는 면모들도 지녔다. 진짜 사상을 위해서는 신선한 공기, 좋은 날씨, 건강한 식생활, 그리고 "풍차처럼 부지런히 그러나 멀리 떨어져 작동하는 수더분하고 순종적인 창자"가 필요하다는 것이 그의 견해다.[14] 그가 '끔찍한 폭발물'로 자처할 때 염두에 둔 것이 이런 견해인지는 불분명하다. 그의 저술은 보이스카우트 증후군*을 듬뿍 함유하고 있다. 높은 산에서 홀로 걷는 것을 사랑하는 니체, "위험한 탐험 여행들을, 황량하고 위험한 하늘 아래에서 정신화된 북극 탐사를" 감행하는 것을 이야기하며 우습게도 자신을 이상화하는 니체는 철학하기를 냉수

---

* 사내다워 보이려는 강박.

욕으로 오해하는 모습을 너무 자주 보인다.[15] 우스꽝스러운 엄숙함
으로 그는, 의지는 독일 중부보다 북부에서 더 강하다고, 모든 선
입견은 창자에서 발생한다고, 고대 켈트족은 검은머리가 아니라
금발이었다고 말한다. 니체를 숭배하는 포스트모던 사상가들의 대
다수는 무례하게도 과학을 의심하지만, 정작 니체 본인은 종교와
관념론의 여성적인 질척거림과 대비되는 과학의 (니체 자신이 보기
에) 단단하고 서늘하고 깨끗하고 엄격하고 남성적인 정신을 대단
히 좋아한다. 니체가 철학자인지 혹은 개인 트레이너인지 헷갈릴
때가 종종 있다. 그는 코로 철학한다. "나는 모든 영혼 각각의 '내
장'을 생리학적으로, 즉 냄새로 감지한다"라고 그는 자랑스럽게 말
한다.[16] 개인들 사이의 모든 접촉은 어느 정도 불결함을 동반한다
고 니체는 경고한다. 또 독일 사상의 장황한 따분함은 소화불량과
밀접한 관련이 있다. 이쯤 되면, 이 저속한 유물론을 니체 본인에
게 적용하여, 당신이 권력과 쾌활에 강박적으로 매달리는 것은 당
신의 만성적 병치레 때문이냐고 묻고 싶어진다. 우리가 초인의 개
념을 보유한 것은 니체가 대학생 시절에 매독에 걸린 덕분일까?

니체가 보기에 도덕과 철학은 말하자면 본능과 정념의 기호
언어sign-language에 불과하다. 우리는 도덕과 철학을 증상으로서 독
해하고 그 주장들을 부러움, 공격성, 혐오, 복수, 불안 등에서 비롯
된 것으로 파악해야 한다. 우리의 모든 지각은 근절할 수 없는 공
포, 환상, 무지, 선입견, 자아 확장self-aggrandizement 등의 요소를 포함한
다. 철학은 "걸러지고 추상화된 심장의 욕망인 경우가 가장 많다"

라고 니체는 논평한다.[17] 세계를 해석하는 것은 우리의 지성이 아니라 정념이다. 몇 가지 예를 들면, 논점이 명확해질 성싶다. 허무주의, 무정부주의, 감각에 대한 유대교-기독교의 경멸은 인종이나 민족의 활력 상실에서, 인간적 힘들의 타락과 빈곤화에서 유래한다. 근대 독일 사상의 비굴함의 토대는 30년전쟁 뒤에 만연한 병에서 비롯된 퇴폐적인 피다. 약자가 강자를 상대로 거두는 교활한 승리를 대표하는 기독교와 민주주의는 그 고유의 혐오스러운 복종으로 고귀한 정신들을 감염시킨다. 회의주의는 인종이나 계급의 쇠퇴와 신경쇠약에서 나온다. 세계는 안정적인 객체들로 이루어졌고 진리들과 내재적 의미들은 잘 정초되어 있다는 철학자들의 시각은 그들의 통찰이 아니라 불안을 반영한다. 사물에 자신의 의지를 집어넣을 줄 모르는 자들은 의지 대신에 의미를 집어넣는다. 인과관계 연구가 만족을 준다면, 그것은 현상들의 기원을 추적하기가 현상들을 지배할 권력을 획득하기와 같기 때문이다. 똑같은 말을 지식 일반에 대해서도 할 수 있다. 도덕철학자들이 의지의 자유를 주장한다면, 그것은 그들이 사람들을 행동의 책임자로 지목하고 위반을 징벌하기 위해서다. 심지어 니체는 모든 물체를 유사하게 취급하는 물리법칙의 개념에서 특권에 대한 평민들의 적개심을 감지한다.

《선악을 넘어서Jenseits von Gut und Böse》에서 니체는 "욕망들과 정념들로 이루어진 우리의 세계 외에 그 어떤 것도 실재로서 '주어지지' 않았다고 가정해보자"라고 제안한다.[18] 하지만 언뜻 드는 느낌과 달리, 이것들조차도 굳건한 기반은 아니다. 왜냐하면 욕망들과 정념들은 몸 자체와 마찬가지로 권력을 향한 의지의 산물들이기 때문이다. 그리고 권력을 향한 의지야말로 존재하는 모든 것이기는 하지만, 그 의지는 튼튼한 토대 같은 것이 아니라 붙잡기 어려우며 영원히 이동하는 힘들의 연결망에 불과하다. 그렇다면 니체는 신체적 유물론자이기는 하지만 형이상학적 유물론자는 아니라는 점을 지적할 필요가 있다. 그는 물질이 존재하는 모든 것이라고 믿지 않는다. 정확히 말하면, 그는 아예 물질의 존재를 믿지 않는다. 물질이란 역동적인 힘 양자들^{quanta}과 그것들의 일시적 배치들로 이루어진 세계를 서술하는 허구적인 방식의 하나일 따름이다. 또한 니체는 기계적 유물론의 철천지원수다. 그가 보기에 기계적 유물론은 신을 물질 숭배로 대체할 따름이다. 니체는 인식론적 유물론자도 아니다. 정신은 세계가 존재하는 방식에 순응하지 않는다. 왜냐하면 세계는 어떤 특정한 방식으로도 존재하지 않기 때문이다. 세계는 끊임없는 흐름이며, 세계에 진리, 질서, 의미를 부여하는 것은 바로 우리다. 우리가 자연에서 특정한 법칙들을 발견하는 듯하다면, 이는 우리 자신이 그 법칙들을 자연 안에 밀반입했기 때문이다. 세계가 논리적으로 보인다면, 이는 우리가 세계를 논리화했기 때문이다. 원인, 계열, 법칙, 수, 객체, 주체, 동기, 목적, 제약, 규칙성 등을 실재라는 부글거리는 카오스에 투사한 장본인은 우리 자신이다. 그렇게 투사한 다음에 우리는 마치 우상 숭배자처럼 우리 자신의 손으로 만든 작품 앞에 굴복한다.

이 모든 것은 니체가 보기에 이성의 기능이다. 그는 관례적인 정치적 올바름으로 이성을 기만적인 노파라고 부른다. 이성은 사물들의 풍부한 복잡성을 단순화하고 규제함으로써 우리가 그것들을 소유하게 만들기 위한 장치다. 따라서 이성은 전적으로 권력을 향한 의지에 복무하면서 우리의 역량이 더 풍요로워지고 강화되는 세계를 건설한다. 참truth은 우리의 실용적 필요에 의해 길들여지고 목록에 등재된, 규칙적이고 계산 가능하게 된, 그런 만큼 위조된 실재일 따름이다. 참은 우리가 생존하고 번창하기 위해 필요로 하는 허구다. 바꿔 말해 허위Untruth는 삶의 한 조건이다. (이 대목에서 니체는 정통 실용주의자의 자격이 없다고 지적할 만하다. 왜냐하면 실용주의자에게 참이란 단지 우리의 번창에 도움이 되는 것을 뜻하기 때문이다. 반면에 니체는 거짓도 우리의 번창에 기여할 수 있다고 본다.) 예컨대 도덕적 이상 하나를 확립하기 위해 몸부림치는 과정에서 "얼마나 많은 실재가 오해당하고 비방당해야 하는가? 얼마나 많은 거짓말이 신성화되고 얼마나 많은 양심들이 교란당해야 하는가?"19 이성은 실재를 지나치게 단순화한다. 이것은 비록 우리의 생존을 위해 필수적이지만, 니체가 '떼거리 의식herd consciousness'이라고 혹평하는 것의 한 측면이기도 하다. 반면에 초인은 이성에 호소하며 자신의 이유들을 늘어놓지 않는다. 왜냐하면 변론은 대중에게나 어울리기 때문이다. 대신에 초인은 명령을 내린다.

언어는 사물이 어떠한지를 반영하지 않고 우리가 사물을 무엇이라고 이해하는지를 반영한다. 명제들은 특정한 담론 영역 안에서만, 종^{species}과 관련 있는 특정한 세계 분할 방식 안에서만 의미를 가진다. 그리고 이 담론 영역은 다시금 우리의 물질적 욕구 및 충동과 결부되어 있다.

나중에 보겠지만, 이 견해는 언어놀이와 실천적 삶꼴 사이의 관계를 강조하는 비트겐슈타인의 입장과 놀랄 만큼 유사하다. 니체가 보기에 객체는 문법의 규칙들과 개념들에 의해 규정되며, 문법의 토대는 결국 인간적이다. 물론 때때로 우리는 엄연한 사실과 맞닥뜨린다고 느끼지만, 그럴 때 우리가 실제로 하는 행동은 워낙 깊이 뿌리내려 현재 우리로서는 떨쳐낼 수 없는 어떤 세계 해석에 머리를 부딪치는 것이다. 실은 사실들은 없고 오직 해석들만 있다. 하지만 이 주장이 사실이냐, 혹은 해석이냐라는 질문에 니체는 대답하지 않는다.

니체는 사람이 자신의 본능들을 자유롭게 풀어놓는다는 것을 믿지 않는다. 그는 D.H. 로런스나 질 들뢰즈 같은 낭만주의적 자유주의자가 아니다. 초인은 사냥감을 찾아 돌아다니는 야만인이 아니라—니체가 즐겨 자신의 모습으로 여긴 바와 상당히 유사하게—정중하고 발랄하고 쾌활하며 자기 수양이 된 개인이다. 인류는 동물적 본능들을 절제당했으며 성직자와 철학자에게 설득당하여 감각들을 부끄러워하게 되었으며 흔히 '덕'으로 불리는 자해^{自害} 상태로 주저앉았다. 인류가 열망할 수 있는 최대한의 것은 '떼거리'

행동이다. 그러나 이 딱한 처지, "인류를 덮친 역사상 가장 끔찍한
병"[20]을 변증법적으로 이해해야 한다(마르크스는 대체로 이와 같은
정신으로 자본주의에 접근한다). 그 병이 인류에게 닥친 사상 최대의
재앙이라면, 또한 그 병은 인류의 충동들을 누그러뜨리고 개선하
고 규율함으로써 초인을 위한 길을 닦는다. 초인은 자신의 이성을
사용하여 본능들을 억누르는 대신에 동물적 정신들을 이성에 통합
하려 한다. 문명은 야만의 이야기지만, 그런 야만성이 없으면 어떤
고귀한 것도 생산되지 않을 것이다.

　　이런 변증법적 시각은 마르크스와 니체의 공통점이다. 니체가
보기에 인본주의자와 관념론자가 알아채지 못하는 것은 다름 아니
라 "모든 '좋은 것들'의 뿌리에 얼마나 많은 피와 고통이 있는가!"
하는 것이다.[21] 문화는 범죄, 죄책감, 부채, 고문, 폭력, 착취로 점철
된 비참한 역사의 열매다. 한편 마르크스에 따르면, 문명의 시조는
단 하나―노동―이며 사회주의는 착취의 수익을 기반으로 건설
되어야 한다. 사회주의가 번창하려면 풍부한 물질적 정신적 재화
가 필요하다. 사회주의는 이 자원을 역사로부터 물려받는데, 역사
속에서 그것이 축적되는 과정은 고난과 부정의를 동반한다. 언젠
가 자유의 기반이 될 가능성이 있는 번영은 다름 아니라 부자유의
열매다.

　　그러나 이와 관련해서 니체와 마르크스의 결정적인 차이를
지적할 필요가 있다. 니체는 유혈 사태와 고통이 그 자신과 같은
우월한 인간들의 번창을 가져온다면 완전히 정당화된다고 믿어 의

심치 않는다. 이 대목에서 니체는 프로이트와 결별한다. 프로이트는《환상의 미래^{Die Zukunft einer Illusion}》에서, 다수의 비참함에 기대어 소수가 만족을 누리는 사회는 "오래 존속할 전망이 없을뿐더러 그럴 자격도 없다"고 지적한다.[22] 마르크스에게는 예나 지금이나 야만이 문명의 불가결한 전제라는 것이 비극적 진실인 반면, 많은 이들이 찬양하는 니체의 비극 연구는 그 아이러니를 정당화하는 것을 여러 목적 중 하나로 가진다.《비극의 탄생^{Die Geburt der Tragödie aus dem Geiste der Musik}》에서 디오니소스적인 것은 다른 여러 가지와 함께 존재의 폭력성과 파괴성을 의미하고, 아폴론적인 것은 문명의 달콤함과 밝음을 의미한다. 그러나 이 양자의 대립은 해체될 수 있다. 왜냐하면 디오니소스적인 것이 자신의 탐욕스러움에 맞선 방어로서 아폴론적인 치유의 환상을 낳기 때문이다. 평화와 조화의 환상을 가지려면, 그 환상을 불어넣어주는 고통이 필요하다. 지극한 행복은 고통에서 태어나고, 아름다움은 고통의 승화다. 이것은 기묘하게 전도^{轉倒}된 주장이다. 마치 단지 마취제의 진정 효과를 만끽하기 위해서 자기 다리를 부러뜨릴 가치가 있다고 주장하는 것처럼 말이다.

이런 의미에서 니체의 비극 이론을 그의 유물론적 역사 이론의 알레고리로 해석할 수 있다. 하지만 또한 그 이론은 일종의 변신론, 곧 악의 정당화이기도 하다. 니체는 노예제를 모든 활기찬 문화의 필수조건으로 보며, 더 평등주의적인 독일인들에게 경고하기를, 당신들이 노예를 원한다면, 노예를 교육하여 주인으로 만드는 것은 어리석은 짓이라고 말한다. 활기찬 귀족정치는 **"그 체제를**

위해서 불완전한 인간으로, 노예, 도구로 격하되어야 하는 수많은 사람들의 희생"을 양심에 거리낌없이 받아들인다.²³ 더 우월한 유형의 인간들의 승리를 위해서 인종 전체와 계급 전체가 파멸해야 할 수도 있다.《비극의 탄생》의 원고에 있었다가 삭제된 한 대목에서 니체는 뻔뻔스럽게도 근대에는 "일부 올림포스적인 사람들이 예술의 세계를 생산할 수 있기 위해서, 열심히 사는 대중들의 빈곤이 더욱 강화되어야 한다"고 주장한다.²⁴《권력을 향한 의지》에서 그는 대다수 개인들은 생존할 권리가 없으며 더 우월한 인간들에게 단지 불운일 뿐이라고 선언한다.

마르크스는 니체의 정치학을 어떻게 평가할까(그는 니체 철학을 몰랐던 것으로 보이며 니체의 주요 저술들이 출판되기 전에 사망했다). 당연히 그 입장의 불결함을 지적하며 어느 정도 혐오를 표할 것이다. 그러나 또 다른 측면을 간과하지 말아야 한다. 마르크스가《도덕의 계보》를 읽는다면 틀림없이 그 작품이 도덕에 대한 역사적 유물론적 연구라는 점을 주목할 것이다. 그런 연구는 당대에 이례적이었을뿐더러 오늘날에도 충분히 드문 모험이다. 또한 역시이례적이게도 그 작품은 도덕에 대한 계급-분석이며, 분석의 초점은 귀족계급 윤리에서 중산계급 도덕으로의 이행이다. 문명의 초기에 인류는 생존을 위해 싸워야 했다. 당시에는 강인하고 저돌적인 전사계급의 가치들이 가장 유용했다. 정복, 잔인함, 경쟁, 원한, 복수, 공격성 등이 말이다. 그러나 문명이 성장하고 나자, 이 가치들은 사회적 효용을 잃고 악으로 낙인찍혔다. 그 대신에 평화, 연민, 온순함, 동정 같은 인도주의적 미덕들이 보편적인 존중을 받게 되었다. 정신적으로 비겁한 기독교적 민주주의적 시대에 권력을 쥐는 자들은 충분히 허약해서 길들일 수 있는 본능들을 가졌다. 그들은 그 길들임을 종교나 도덕이라고 부른다. 이 이행의 한 사례를 17세기 영국에서 볼 수 있다. 비록 니체 자신은 이 사례를 연구하지 않았지만 말이다. 17세기 중반에 토머스 홉스는 여전히 귀족계급의 가치들인 용기, 명예, 영광, 영혼의 위대함을 찬양한다. 반면에 17세기 말에 존 로크는 중산계급의 가치들인 평화, 관용, 사유재산을 옹호한다.

정복, 공격성, 지배는 권력을 향한 의지의 면모들이므로, 또 권력을 향한 의지는 원기 왕성하게 번성하는 모든 것과 동일하므로, 중산계급의 도덕은 삶 자체에 대한 배신이다. 하지만 온순하고 평화로운 성격에도 불구하고 부르주아 사회는 여전히 고유한 방식으로 과거의 해적 같은 귀족계급에 못지않게 철저히 공격적이고 착취적이다. 이를테면 시장에서 부르주아 사회의 행동이 그러하다. 다만 부르주아 사회가 이 진실을 부정할 뿐이다. 그리고 그 부정의 이름이 바로 도덕이다. 결과적으로 이 사회질서가 이론적으로 자신을 어떻게 보는지와 실제로 어떻게 행동하는지 사이에 기괴한 불일치가 발생한다. 부르주아 사회가 내세우는 바는 실행하는 바와 어긋난다. 예컨대 부르주아 사회는 신을 죽여버렸다. 왜냐하면 세속적이며 유물론적인 사회에는 실제로 신이 들어설 자리가 없기 때문이다. 그러나 그 사회는 너무나 비겁해서 자신의 살신殺神

행위를 인정하지 않고 계속해서 마치 신으로 대표되는 절대적 가치들이 여전히 작동하는 양 행동한다. 이것은 기묘한 인지부조화다. 부르주아 사회는 신을 믿지 않는데, 자신이 신을 믿지 않는다는 것을 모른다. 따라서 신은 죽었다고 니체가 선언하는 것은, 당대의 용감한 시민들에게 그들 자신의 궁극적인 오이디푸스적 반란 행위가 가져온 끔찍하고 신나는 귀결들을 직시하라고 요구하는 것이다.[25]

요컨대 중산계급 문명은 그 문명의 실제 행동과 조화를 이루지 못하는 이데올로기에 의해 유지된다. 그리고 그런 이데올로기들은 현실에 내린 뿌리가 얕아서 효과를 내지 못할 가능성이 크다. 아무튼 만일 중산계급의 공식적 세계관이 그들이 현실에서 하는 행동을 반영한다면, 그 결과는 그들의 실천적 활동에 기초를 두지만 그 활동을 **정당화하지** 못하는 가치관일 것이다. 그 가치관은 중산계급의 실천적 활동을 매력적으로 비추지 못할 것이다. 이상적인 경우에 당신의 가치관은 당신의 실제 행위의 승화된 버전으로서 그 행위를 반영하고 또 승인해야 마땅하다. 그러나 시장의 조건에서 이런 가치관을 보유하기는 전혀 쉽지 않다.

바로 이 딜레마 앞에서 니체는 고귀한 전사계급을 향함으로써 간편한 해결책에 이른다. 전사계급의 세계관은 오늘날 시장의 끊임없는 전쟁과 유사한 것을 반영하면서도 현실의 시장에 없는 매력적이고 장엄한 영혼을 시장에 부여한다. 실제로 니체는 기업가들이 고귀해질 필요가 있다고 말한다. 그러면 그들은 폭넓은 스

펙트럼의 사회주의를 더욱더 성공적으로 궁지에 몰아넣을 것이라면서 말이다. 이처럼 니체의 사상은 콜리지와 칼라일부터 러스킨과 디즈레일리까지 이어진 영국 사회사상의 한 전통과 유사하다. 그 전통은 몇몇 봉건주의적 이상들(질서, 공동체, 위계, 외경, 정신적 권위)을 통해 산업자본주의의 병폐를 해결하자고 호소한다.[26] 일련의 외래 가치들을 현재 상황에 접목함으로써 그 상황이 스스로 창출하는 데 실패한 정신적 정당성을 그 상황에 빌려주는 것을 희망할 수 있다는 것이다. 그러나 이 해결책은 그 가치들과 일상생활 사이의 간극을 난감하게 확대할 위험이 있다.

초인은 소심한 부르주아 시민들에게 신에 대한 두려움을 심어줄 수도 있지만 또한 그들의 괴물 같은 또 다른 자아로서 나타난다. 초인이 법, 안정성, 사회적 합의를 대하는 위풍당당한 태도는 끊임없이 경계를 넘어야 하는 기업가들에게 은밀한 유혹일 수밖에 없다. 그러나 그렇게 하기 위해서 그들은 튼튼한 사회질서의 틀에 의존해야 한다. 신, 국가, 교회, 가족, 도덕적 절대성, 형이상학적 확실성에 말이다. 하지만 이 질서는 그들의 활동을 촉진하는 것에서 그치지 않고 또한 좌절시킬 위험이 있다. 이 문제에 대한 니체의 해결책은 머리카락이 곤두설 정도로 급진적이다. 그것은 사업을 위해 질서를 희생시키는 것이다. 사람들이 모험적 실험적으로 살면서 무한한 생산성, 곧 권력을 향한 의지를 펼치도록 틀과 토대를 간단히 내팽개쳐라. 당대 중산계급 사회는 이 제안을 수용할 만큼 심하게 길을 잘못 들지 않았다. 이 제안은 하나의 이론으로서 철학

세미나에 활기를 불어넣을지는 몰라도, 하류층 사람들이 감당할
수 없는 존재로 되는 것을 막는 길은 전혀 아니다.

니체의 정신적 상속자들 중 하나인 D.H. 로런스에게 그러하
듯이, 니체에게 '삶life'은 처음부터 끝까지 최고의 가치다. 그는 삶
을 부정하는 자들—성직자, 비관론자, 허무주의자, 유대인, 기독교
도, 칸트주의자, 다윈주의자, 소크라테스의 제자들, 쇼펜하우어로
이루어진 잡다한 집단—을 상대로 가장 독한 논쟁을 벌인다. 그
러나 '삶'은 치명적으로 모호한 개념이다. 니체에게 삶은 넘치도록
풍부한 창조력을 발휘하며 살기를 뜻한다. 그러나 이런 삶이 열등
한 생물들을 짓밟기 말고 또 무엇을 포함하는지 누가 말할 수 있을
까? 최고의 재판관들이라면 말할 수 있으리라고 생각할 수도 있을
것이다. 그러나 그들이 진짜 삶이라고 선언하면 무엇이든지 진짜
삶일까? 그들이 자기기만에 빠질 수도 있지 않을까? '삶'은 잠재적
위험이 아무리 괴멸적이라도 자신의 역량들을 모두 풀어놓는 것을
포함할까? 이것은 앙갚음을 동반한 자연주의적 윤리일 것이다. 자
신의 역량들을 완전히 발휘하며 사는 것은 니체가 보기에 우주처
럼 사는 것이다. 우주도 다름 아니라 권력을 향한 의지이기에 끊임
없이 자신을 확장하고 강화하니까 말이다. 하지만 왜 잘 사는 것이
우주의 본성에 순응하는 것이어야 할까? 많은 도덕주의자들은 정
반대를 옹호해왔다. 더구나 권력을 향한 의지가 어쨌든 자신을 확
장하고 강화한다면, 이 과정에 부응하는 방식으로 행동하는 것이
무에 그리 소중하다는 말인가?

니체는 삶과 도덕을 맞세운다. 그럼으로써 그는 아리스토텔레스와 아퀴나스부터 헤겔과 마르크스까지 이어지는, 지략이 풍부한 도덕사상의 대다수가 도덕을 다름 아니라 인간의 번창과 관련짓는다는 점을 주목하는 데 실패한다. 그럼에도 대다수의 도덕사상은 주어진 상황에서 인간의 번창이란 무엇인지를 구체적으로 명시할 필요가 있음을 인정한다. 도덕 담론은 그 명시 작업에 기여한다. 그리고 이 문제에 대해서 니체는 대체로 침묵한다. 그는 어떤 활동이 참으로 삶의 번창인지를 판정할 기준을 제시하지 못한다. (그런 기준 하나—인간 행복의 일반적 증가—를 니체는 유난히 조롱한다. 오직 영국인만 그것을 믿는다고 야유한다.) 반면에 마르크스는 그런 기준을 가지고 있다. 그가 헤겔에게서 물려받은 그 기준에 따르면, 도덕적으로 권장할 만한 활동은 행위자의 역량을 상호적으로—타인들의 유사한 자아실현 안에서 또 그것을 통해서—실현하는 것을 포함한다. 이것은 결정적인 논증이 아니다. 그러나 당신에게 만족스러운 희열을 준다면 모든 사람들을 노예화하는 것도 정당하다는 주장보다는 더 진보한 논증이다.

5장
거친 바닥

루트비히 비트겐슈타인은《확실성에 관하여》에서 괴테의《파우스트 ^Faust》와 (비트겐슈타인 자신은 몰랐을 것이 거의 확실하지만) 레온 트로츠키의《문학과 혁명 ^Literatura i Revoliutsiia》을 인용하여 "태초에 실행 ^Tat 이 있었다"라고 선언한다. 그는 이렇게 말한다. "언어놀이의 바닥에는 우리의 **활동**이 놓여 있다."[1] 이것은 사회적 존재가 의식을 결정한다는 마르크스의 주장을 비트겐슈타인이 나름의 방식으로 변형한 버전이라고 해석해볼 만하다. 우리의 다양한 말하기 방식은 우리의 실천적 삶꼴들과 연결되어 있으며 오직 그런 맥락 안에서만 유의미하다. A.C. 그레일링 ^A.C. Grayling의 해석대로, 비트겐슈타인이 말하는 삶꼴이란 "사회적 존재로서 사람들이 공유하며 따라서 사람들의 언어 사용에서 전제되는 언어적 비언어적 행동, 전제, 관행, 전통, 자연적 성향에 관한, 바탕에 깔린 합의"를 뜻한다.[2] 알래스데어 매킨타이어는 이렇게 말한다.

구문론적으로 흠이 없는 문장들을 일정한 시간 간격으로 내뱉는다고 해서, 언어 사용 능력이 입증되지는 않는다. …… 언어 사용은 항상 사회적 실천의 형태들 안에 내장되어 있으며embedded, 특수한 상황들에서 한 언어로 말해진 바를 적합하게 이해하려면, 해당 사회적 실천의 형태에 참여하는 사람의 능력들을 최소한으로라도 갖춰야 한다.[3]

비트겐슈타인의 취지는 단어들이 강력한 사회적 함의를 지닐 수 있다는 진부한 이야기 그 이상이다. 그의 주장은 우리가 '자유'나 '애국' 같은 단어뿐 아니라 '어쩌면'과 '~ 안에' 같은 단어의 의미를 파악하기 위해서도 인간적 실천들의 방대한 연결망을 살펴보아야 한다는 것이다. 우리와 같은 신체적 존재들은 시간, 공간, 우연, 오류, 불완전한 앎, 제한된 합리적 능력들, 애매한 상황, 물질세계의 복수성과 불안정성, 복잡하고 흔히 예측 불가능한 일을 벌일 필요 등에 종속되어 있기 때문에 '어쩌면'이라는 단어를 필요로 한다. 반면에 천사들은 그렇지 않다. 천사들은 가변적인 물질세계 안에 있는 신체적 존재가 아니며 따라서 인간을 괴롭히는 우연으로부터 자유롭기 때문에 '어쩌면'이라는 단어를 필요로 하지 않는다. 우리와 같은 완벽하지 않은 동물들은 때때로 우리 자신의 전제들을 의문시하면서, 니체의 문구를 빌리면 "위험한 '어쩌면'의 철학자"가 될 수밖에 없다.[4] 반면에 천사들은 그런 자기 의심의 경련을 겪지 않는다. 또한 천사들은 '~ 안에'라는 단어도 필요로 하지 않는다. 왜냐하면 천사들에게는 공간적 관계가 없으므로, 천사들은 안과 밖의 구분을 인정하지 않기 때문이다. 이 구분이 없으면 우리의 프로젝트들은 서서히 멈추겠지만 말이다. 태양계의 이웃별 켄타우루

스자리 알파별에 사는 영리한 관찰자는 인간들이 '~ 안에'와 '어쩌면' 같은 단어를 사용한다는 사실에서 인간에 관한 정보를 꽤 많이 얻을 수 있을 법하다. 바로 이런 의미를 염두에 두고 비트겐슈타인은 《철학적 탐구》에서 "한 언어를 상상하는 것은 한 삶꼴을 상상하는 것이다"라고 말하는 것이다.[5]

그렇다면 넓게 보면 유물론적인 이 같은 주장이 비트겐슈타인의 후기 사상에서 "언어는 끝내 자족적이며 자율적이다"라는 주장과 함께 등장하는 것이 이상하게 보일 수도 있겠다.[6] 후자의 주장은 우리가 언어적 관념론이라고 부르는 유형의 견해가 아닌가. 이를테면 비트겐슈타인과 동시대에 활동한 페르디낭 드 소쉬르가 떠오른다. 소쉬르에게 언어는 닫힌 기호 시스템semiotic system이며, 그 안에서 기호는 무엇을 가리키느냐와 상관없이 존립한다. 언어가 우리의 실천적 현존 안에 내장되어 있다면, 어떻게 기표가 자유롭게 떠다닐 수 있겠는가? 그러나 비트겐슈타인에게 저 두 주장은 동전의 양면이다. 언어가 자율적이라고 단언하는 것은 언어가 때때로 세계에 관하여 참이거나 거짓인 진술을 내놓을 수 있다는 점을 의심하는 것이 아니다. 비트겐슈타인이 부정하는 것은, 언어가 어떤 식으로든 실재와 연결됨으로써 그런 진술을 내놓을 수 있다는 이론이다. 이 이론에서 '쿠차kuccha'—굳이 설명할 필요가 있을까마는, 쿠차는 시크교도 칼사Sikh Khalsa 군대가 입는 반바지로 그들을 특징짓는 다섯 항목 중 하나다—라는 단어는 현실의 시크교도가 입는 반바지와 관련을 맺음으로써 의미를 획득한다. 비트겐슈타인이 보기에 이 이론은 동전의 가치가 경제 전체에서 그 동전의 기능에 의해서가 아니라 당신이 그 동전으로 사는 샌드위치에 의해 결정된다고 상상하는 것과 상당히 유사하다.

비트겐슈타인은 이 의미론을 여러 이유에서 거부하는데, 한 이유는 '별 볼 일 없는nondescript', '몰래sneakily', '아이고 맙소사Oh, Christ' 같은 말들에서 그 이론의 설득력이 대폭 떨어지는 것으로 보인다는 점에 있다. 그 이론은 사물 중심 세계관과 어울리는 명사 중심 의미론이다. 찰스 테일러는 이렇게 지적한다. "어떻게 단어가 사물과 관계 맺는지 이해하려면, 먼저 그 관계를 형성시키는 활동의 본성을 알아내야 한다."[7] 이런 맥락에서 비트겐슈타인은 단어가 구체적인 삶꼴 안에서 기능하는 방식을 의미로 간주한다. 의미란 정신의 상태, 또는 기호와 대상 사이의 유령 같은 상관성이 아니라 사회적 실천(관행)practice이다. 어느 주석가의 말마따나 "비트겐슈타인에게 언어, 이성, 의미, 정신은 모두 활동의 형태들forms of activity이다."[8] 언어는 실재를 '반영'하거나 실재와 연결되지 않는다. 언어는 그 자체로 물질적 실재다.《색깔에 관한 소견Bemerkungen über die Farben》에서 비트겐슈타인은 우리의 개념들은 우리의 삶의 방식을 반영하는 것이 아니라 "그것[우리의 삶의 방식]의 한복판에 있다"고 말한다.[9] 이것은 확실히 관념론적이라기보다 유물론적인 관점이다.

비트겐슈타인이 언어를 자율적 활동으로 본다 하더라도, 그는 포스트모던 문화의 모든 곳에서 눈에 띄는 유형의 언어적 관념론자는 아니다. 그런 관념론자들이 보기에 언어는 실재를 구성한다.

그러나 더 정확히 말하면, 사람들이 실천적 프로젝트를 통해 실재를 구성하는 것이며, 언어는 마치 천 속의 실처럼 그 작업 속에 엮여 들어가 있다. 그런 구성 활동들은 우리의 말 속에 퇴적된다. 마르크스가 뚜렷한 비트겐슈타인의 어투로 말하듯이 "관념, 개념, 의식의 생산은 …… 사람들의 물질적 교류, 곧 실제 삶의 언어와 직접 엮여 있다".[10] 인간에게는 언어가 대상을 구성하는 것이 아니라 사회적 활동이 대상을 구성하며 언어는 그 활동을 결정結晶화한다. 참과 거짓은 언어적 사안이다. 그러나 그것들이 '단지' 언어적인 것은 아니라면, 그 이유는 언어 역시 단지 언어적이지는 않은 것에 있다. 언어는 일상의 실천들과 연결되어 있다. 그리고 나중에 보겠지만, 그 실천들은 인간 몸의 본성에 기초를 둔다. 언어는 항상 언어 그 이상이다. 언어에 접속하는 것은 한 세계에 접속하는 것이다. 언어는 실재를 연다. 언어가 우리를 실재로부터 단절시키는 것이 아니다.

비트겐슈타인이 말하는 '문법'은 우리가 사물을 이해할 수 있기 위해서 의지하는 규칙들의 집합이다. 그리고 그런 문법들은 실재와 관련이 없다. 일부 문법들이 다른 문법들보다 세계를 더 정확히 표상하거나 하는 일은 없다. 진술들에 대해서는 일부가 다른 일부보다 세계를 더 정확히 표상한다고 말할 수도 있겠지만 말이다. 문법들에 대해서 그렇게 말하는 것은, 폴란드어가 우르두어*보다

• 파키스탄의 공용어.

사물들의 본성을 더 충실하게 표현한다거나 동사를 문장의 끝에 놓는 것이 중간에 놓는 것보다 더 옳다고 주장하는 것과 유사하다. 문득, 어느 영국 애국자가 떠오른다. 그 애국자는 영어에서는 단어들이 사람들이 생각하는 순서대로 나오기 때문에 모든 언어를 통틀어 영어가 가장 자연스럽다고 주장했다. 우리가 '정확한', '표상', '옳다' 같은 단어를 사용할 수 있는 것은 애당초 문법 덕분이다. 한 문법이 다른 문법보다 더 유용할 수도 있을 것이며, 모든 문법들은 참이나 거짓으로 판정할 수 있는 명제들을 산출한다. 그러나 문법들 자체는 참에 선행하며, 놀이의 규칙들이 자율적인 것과 유사한 의미에서 세계로부터 자율적이다. 체스의 규칙들은 체스의 존재 방식을 '반영'하지 않는다. 그 규칙들은 애당초 체스를 하나의 놀이로서 구성한다. 체스 말들이 전혀 다르게 움직이도록 지시하는 또 다른 규칙 집합을 우리는 원한다면 언제라도 고안할 수 있다. 비트겐슈타인이 보기에 실재는 우리에게 어떻게 실재를 분할할 것인지에 대해서 아무것도 지시하지 않는다. 이 점에서 비트겐슈타인은 니체와 다를 바 없다.

그러나 비트겐슈타인이 보기에 위 사실은 우리가 실재를 마음대로 분할할 수 있다는 것을 뜻하지 않는다. 《쪽지^{Zettel}》에서 그는, 우리는 새로운 사실들을 발견할 때 우리의 개념들을 바꾼다고 주장한다. 이것은 언어적 관념론자들의 기운을 북돋울 만한 주장이 아니다. 그들은 사실이란 단지 우연히 인기를 얻은 해석일 따름이라고 본다. 그래서 그들은 사실이라는 단어가 튀어나올 때마다

따옴표로 감싸 그 단어를 곧이곧대로 받아들이지 말라는 뜻을 전하고 싶은 욕구를 강렬하게 느낀다. 비트겐슈타인은 또한 같은 작품에서 생리학이 우리의 색깔 식별에 관여한다는 점을 지적한다. 한 세계를 생산하는 작업에서 우리는 자연법칙들, 우리의 신체조건, 기존의 사회적 실천들, 우리의 공통된 인간 본성, 관습과 관례와 전통 등의 힘에 의해 제약된다.[11] 따라서 삶꼴들은 전적으로 우연적이지 않다. 삶꼴들은 인류 전체에 공통된 특징들도 포함한다. 어떤 삶꼴이든지 죽음, 병, 폭력, 성性 등을 어떤 식으로든 이해해야 한다.

그렇다면 문법들은 한 동물 유형으로서 우리에게, 또한 세계의 일반적 운행에 부응해야 할 텐데, 비트겐슈타인은 문법들이 이런 것들에 근거를 두지 않는다고 본다. 라크로스* 하기가 정당화될수 없는 것과 마찬가지로, 문법들은 정당화될 수 없다. 비트겐슈타인이 보기에는 삶꼴들도 마찬가지다. 삶꼴들은 궁극적으로는 오직 그것들 자신에 근거를 둔다. 단지 우리가 형이상학적 멀미나 존재론적 불안의 파괴적 발작에 떠밀려 삶꼴들 밑에 어떤 튼튼한 토대를 끼워넣을 따름이다. 그 결과로 우리는, 그럼 그 토대는 무엇에 의해 지탱되는가라는 문제를 짊어지게 될 뿐이지만 말이다.

그렇다면 삶꼴들은 어떤 찬란한 허공에 멀미를 유발할 정도로 위태롭게 떠 있는 것일까? 이런 생각은 형이상학자의 불안의

---

* 스포츠 구기 종목의 하나.

뒷면에 불과하다고 하겠다. 모든 것이 영구적으로 바닥에 못 박혀 있지 않으면 무엇이든지 임의의 순간에 공중으로 풀어헤쳐질 수 있다고 두려워하는 것은 그릇된 비유에 걸려드는 것이다. 철벽같은 필연성과 반박 불가능한 근거가 없으면 오직 무정부 상태가 존재할 뿐이라고 주장하는 사람들이 있다. 엄격하지 않은 규칙들은 모호해서 운용이 불가능할 수밖에 없고, 유일한 선택지는 완벽한 질서냐 아니면 완벽한 카오스냐뿐이라고 그들은 주장한다. 야간에 자전거 뒷등을 켜지 않고 자전거를 탄 사람에게 과태료를 물리지 않으면 (다음이 핵심 문구다) **우리가 미처 알아채기도 전에** 우리 도시의 거리에 야수의 눈빛으로 어슬렁거리며 희생자를 물색하는 사이코패스 살인자들이 우글거리게 되리라는 식이다. 무정부주의자와 권위주의자는 끔찍한 쌍둥이다. 태평한 자유지상주의자는 편집증적인 아버지의 방탕한 아들이다. 전자는 무질서를 즐기고 후자는 무질서를 혐오하는 것이 다를 뿐, 양자는 동일한 논리를 공유한다.

우리의 개념들은 비트겐슈타인이 일상생활의 "거친 바닥^{the rough ground}"이라고 부르는 것 안에 내장되어 있기 때문에,[12] 그것들 속에는 그 거칠함이 스며들어 있다. 우리와 태양 사이의 거리를 미터 단위까지 정확하게 측정할 필요가 있을까? "대충 거기에 서라"라는 말은 완벽하게 유의미하지 않을까? 누군가의 흐릿한 이미지는 이미지가 전혀 아닌 것일까? 물론 때때로 우리는 정확성을 요구한다. 비트겐슈타인이《수학의 토대에 관한 소견^{Bemerkungen über die Grundlagen der Mathematik}》에서 지적하듯이, 우리는 수를 셀 때 "인정사정없이 정확하게"센다.[13] 하지만 이것은 수를 세는 일이 우리의 실천적 삶에 결정적으로 중요하기 때문이다. 우리가 무엇을 하느냐가, 곧 우리의 실천이 우리의 언어놀이들 중 일부에 엄격한 필연성을 부여한다. 그리고 비트겐슈타인의 니체적인 관점에서 볼 때 우리는 그 엄격한 필연성을 세계 자체의 특징으로 오해하게 될 수 있다. 외부에서 보면, 언어놀이들은 충분히 자의적으로 보이고, 한 놀이를 다른 놀이로 대체하는 것도 어렵지 않겠다는 느낌이 든다. 그러나 내부에서 보면, 언어놀이의 규칙들은 강제력을 발휘한다. 물론 타협의 여지가 없는 강제력을 발휘하는 것은 아니지만 말이다. 규칙들과 관습들이 힘을 가지는 것은 그것들이 실천적인 삶꼴 안에 내장되어 있기 때문이다. 만일 그것들이 순전히 언어적이라면, 그것들이 우리에게 행사하는 권위는 훨씬 약할 것이다. 누군가가 관습적으로 행동한다는 말은, 그의 행동의 의미가 다른 사람들의 행동에서 유래한다는 뜻이다. 언어와 관습은 우리의 상호연대의 기호들이다.

◦◦◦

삶꼴은 단적으로 '주어져 있다[given]'고 비트겐슈타인은 강조한다. 당신이 어떤 일을 왜 특정한 방식으로 하느냐는 질문을 받으면, 당신은 이렇게 대답할 수밖에 없다. "그냥 내가 하는 방식이 이래요." 대답들은 어디에선가 종결되어야 한다고 비트겐슈타인은 주장한다. 그가 보수주의자라는 평판을 듣는 것은 놀라운 일이 아니다. 실제로 비트겐슈타인은 어떤 의미에서 보수적 사상가다. 그러나 삶꼴이 주어져 있다는 주장 때문에 그러한 것은 아니다. 삶꼴의 소여성 givenness을 인정한다고 해서 반드시 그것의 윤리적 가치나 정치적 가치를 승인하는 것은 아니다. 왜 당신들은 거리를 킬로미터 단위가 아니라 마일 단위로 재느냐는 질문에 "우리는 그냥 이렇게 해요"라고 대답하는 것은 충분히 합당하지만, 왜 당신들은 노동력을 잃은 시민을 독극물 주사로 처형하느냐는 질문에 그렇게 대답하는 것은 충분히 합당하지 않다. 삶꼴은 정치적 개념이라기보다 인간학적 개념이다. 코를 비비며 인사하기, 죽은 자를 매장하기, 인간 거주지들 사이의 거리를 재기, 다가올 미래를 상상하기, 다양한 웃음의 형태들(깔깔거리기, 낄낄거리기, 히죽거리기, 킥킥거리기 등)을 언어로 구별하기와 같은 관습들은 '주어져 있는' 것이지만, 청소년 조카와 아동 조카의 구분은 '주어져 있는' 것이 아니다(어떤 부족사회는 이 구분이 적절하다고 느낄 수도 있겠지만).

이 같은 삶꼴들은 모두 가변적이다. 그러나 지금 여기에서 그것들은 하나의 맥락을 이루고, 우리의 담론은 그 맥락 안에서 유의미하다. 따라서 잠정적인 의미에서 그것들은 토대다. 토대가 내일 혹은 세계의 어딘가에서 존재하지 않을 수도 있다고 해서 반드시 토대의 지위를 잃는 것은 아니다. 비트겐슈타인이 특유의 소박한 어투로 말하듯이, 특정한 도롯가에 언제든지 건물을 지을 수 있다는 이유로 그 도롯가의 마지막 건물이 존재하지 않는다고 주장해서는 안 된다.[14] 추가로 건물을 지을 수 있다는 것은 틀림없이 옳다. 그러나 바로 지금, 그 거리의 마지막 건물은 존재한다. 가정법이 직설법을 이기는 것을 허용해서는 안 된다. 삶꼴은 전형적인 토대는 아니지만 그래도 토대다. 하지만 형이상학자는 삶꼴을 토대로 인정하기를 꺼릴 수도 있다. 그 이유는 이러하다. 첫째, 형이상학적 토대는 인간 문화들보다 덜 가변적이고 덜 개방적이다. 둘째, 형이상학적 토대(신, 정신, 선험적 이성의 원리들, 현상학적 본질들 등)는 단수인 경향이 있는 반면, 삶꼴들은 고질적으로 복수다.

도덕적 정치적 관점에서 말하면, 비트겐슈타인은 20세기 서양 문명이라는 삶꼴을 옹호한 사상가가 확실히 아니었다. 대단한 교양을 갖춘 상류 중산계급의 빈 시민이었던 그는 자신이 우연히 속박된 중산계급 근대 문화에 깊은 불만을 품고 있었다고 짐작할 근거가 충분히 많다. 그는 그 문화를 "문화 없는 시대"라고 표현한 적도 있다.[15] 비트겐슈타인 본인은 마르크스주의자가 아니었을 수도 있지만, 그의 절친 몇 명은 마르크스주의자였다.[16] 예컨대 한때 백군*이었고 파리 센강 좌안의 보헤미안이었고 프랑스 외인부대원이었으며 더 유명한 미하일 바흐친의 형이자 영국 공산당원인 니콜라이 바흐친Nikolai Bakhtin, 고대 역사학자이며 훗날 마오쩌둥주의로 전향하고 아일랜드어 진흥 운동을 벌이는 모리스 돕Maurice Dobb, 독문학자 로이 파스칼Roy Pascal, 투옥된 안토니오 그람시의 동지인 이탈리아 경제학자 피에로 스라파가 비트겐슈타인의 절친이었

---

* 러시아혁명 뒤 볼셰비키에 맞서 내전을 벌인 반혁명군.

다. 비트겐슈타인은 케임브리지 사회 일각에서 공산주의자로 여겨졌으며 한 친구 앞에서 실제로 자신은 내심 공산주의자라고 고백했다. 비트겐슈타인의 연인 프랜시스 스키너Francis Skinner는 국제여단International Brigade 소속으로 스페인 내전에 참전하려고 지원했으나 건강상의 이유로 거절당했다. 또 다른 친구 프랭크 램지는 기존 사유 양태들과의 근본적 단절을 회피하는 '부르주아' 철학자라는 이유로 비트겐슈타인으로부터 질책을 받았다.

스탈린주의 빙하기가 한창이던 1935년, 비트겐슈타인은 소련을 방문하여 특유의 괴짜 기질로, 그곳에서 육체노동자로 살겠다며 허가를 신청했다. 당국은 그의 기이한 제안에 그다지 감동하지 않았던 것으로 보인다. 비트겐슈타인이 나름대로 스탈린주의자였다는 이야기는 그의 추종자들 사이에서 그다지 널리 회자되지 않지만 실제 사실인 듯하다. 그의 평전을 쓴 레이 몽크Ray Monk는 그 이야기에 분개하며 퉁명스럽게 "헛소리"라고 일축하면서도, 다른 한편으로 비트겐슈타인이 스탈린 체제를 흠모했다는 증거를 풍부하게 제시한다.[17] 비트겐슈타인은 강제노동수용소와 소비에트 독재에 관한 이야기에 무덤덤했으며, 스탈린을 비난하는 사람들은 그가 맞닥뜨린 문제들과 위험들을 전혀 모른다고 강변했다. 심지어 대국민 경고용 보여주기 재판들show trials이 자행되고 나치-소비에트 조약이 체결된 뒤에도 비트겐슈타인은 소련에 대한 우호적 시선을 거두지 않았으며, 만일 소련에서 계급 차이가 심화한다면, 그 체제에 대한 그의 호감이 가장 크게 침식될 것이라고 주장했다.[18] 그는 훗날의 유명한 이중간첩단*을 배출한 대학교의 일원이었다. 물론 그 자신은 스파이가 아니었던 것이 확실하지만, 버지스Guy Burgess, 블런트Anthony Blunt, 매클린Donald Maclean, 필비Kim Philby 등과 마찬가지로 비트겐슈타인은 상류계급 반체제 인사였다.[19] 그는 마르크스 철학의 일부에 익숙했을 가능성이 있으며 좌익 저널《뉴 스테이츠먼The New Statesman》을 확실히 읽었고 윈스턴 처칠을 싫어했으며 1945년 영국 총선에서 노동당에 투표할 의향을 품었다. 또한 그는 대량 실업과 파시즘의 위협을 걱정했다. 몽크는 비트겐슈타인이 실업자, 노동계급, 정치적 좌파의 편이었다는 점을 믿어 의심치 않는다. 비트겐슈타인은 이런 신랄한 말을 남겼다. "나는 영국 내각의 그림을 보면서 속으로 중얼거렸다. '늙은 남성 부자들의 떼거리.'"[20] 이 경멸의 표현에서 오이디푸스 콤플렉스의 흔적을 보는 것은 꽤 자연스럽다. 비트겐슈타인의 아버지는 엄청나게 권위주의적이었으며 오스트리아-헝가리 제국에서 가장 부유한 기업가였다.

비트겐슈타인이 소련에 끌렸다면, 아마도 대체로 보수적인 이유에서 그러했을 것이다. 질서, 규율, 권위에 대한 존중, 육체노동에 대한 톨스토이풍의 이상화(실제로 비트겐슈타인은 육체노동에 대단히 능숙했다), 금욕에 대한 고도근대주의적high-modernist 애착(비트겐슈타인은 금욕을 "맨발로 살기"로 표현했지만, 당대 소련의 상황은 '빈곤'으로 부르는 것이 더 솔직하지 않을까 싶다), 또한 그가 사랑하는 도스

• 이른바 '케임브리지 5인(Cambridge Five)'.

토엡스키를 비롯한 소중한 정신적 유산을 남긴 나라에 대한 호감
이 그 이유였을 것이다. 비트겐슈타인의 육체노동에 대한 이상화
에 관해서 추가로 언급할 것이 있다. 그는 툭하면 동료들과 학생들
에게 철학을 그만두고 변혁을 위해 유용한 일을 하라고 권고했다.
한 유능한 젊은 제자는 그의 말을 곧이곧대로 받아들여 여생을 통
조림 공장에서 고된 노동으로 보냈다. 이 소식을 들은 비트겐슈타
인은 매우 기뻐했다고 한다. 그를 공정하게 서술하기 위해 덧붙이
는데, 비트겐슈타인은 자신의 권고를 스스로 실천하려 했다. 그는
때때로 케임브리지 대학교에서 탈출하여 더 하찮은 삶을 영위하다
가 이내 포획되어 다시 지적인 억류 상태로 복귀했다.

그럼에도 마르크스주의는 비트겐슈타인의 후기 사상에 비록
비스듬한 방식일지라도 중요하게 영향을 미쳤다. 그의 동료 피에
로 스라파는 부르주아 경제학을 비판하면서 그 경제학의 사물화
된 범주들의 역사적 맥락을 복원하려 애썼는데, 그 비판은 비트겐
슈타인의 철학 사상에서 일어난 '인간학적 전환'에 부분적으로 영
감을 주었으며 《철학적 탐구》 서문에서 비트겐슈타인이 그 작품의
"가장 중대한 생각들"이라고 부른 것을 제공했다. 턱밑을 손가락들
로 훑는 나폴리 사람들의 몸짓*을 보여주어 비트겐슈타인의 언어
관이 바뀌는 데 일조한 인물도 스라파다. 두 사람이 함께 기차 여
행을 하는 중에 스라파가 비트겐슈타인에게 그 몸짓을 보여주었

* '난 관심 없어'라는 뜻.

다.[21] 몸짓 표현에서 이탈리아인을 능가하기는 어렵다. 스라파가 실행으로 기여했다면, 비트겐슈타인의 친구 조지 톰슨은 이론으로 도움을 주었을 가능성이 있다. 톰슨은 고대 철학에 관한 저서에서 언어가 본래 몸짓의 성격을 가졌다는 주장을 편다.[22] 그 책이 다루는 주제들 중 하나는 시詩다. 시는 의미가 음색, 음높이, 빠르기, 질감, 소리 크기, 리듬 같은 언어의 신체적 측면들과 결합하는 장소로서, 정신과 신체 사이의 이음매들 중 하나다. 이런 의미에서 언어는 이중으로 물질적이다. 즉, 언어는 그 자체로 감각적 매체일뿐더러 신체적인 것을 표현하는 매체다.

톰슨은 비트겐슈타인이 실천적으로는 마르크스주의자였지만 이론적으로는 그렇지 않았다고 평가했다. 하지만 파업 노동자들을 자기 규율이 부족하다며 질책하고 평화운동가들을 "거품 찌꺼기"로 매도한 비트겐슈타인을 어떻게 그렇게 평가할 수 있는지 이해하기 어렵다.[23] 또한 비트겐슈타인은 파시즘과 사회주의를 그가 "그릇되고 생경하다"고 느끼는 근대의 측면들로 함께 꼽았다.[24] 그는 실업자의 곤경을 연민했을지는 몰라도 관습, 충실, 질서, 외경畏敬, 권위, 전통에 높은 가치를 매겼고 혁명을 부도덕하다며 비난했다. 이 가치관의 큰 부분은 니체의 것이기도 하다. 니체는 외경을 향한 본능을 영혼의 고귀함을 측정하는 기준으로 삼을 수 있다고 여겼다. 그러나 그는 비트겐슈타인이 관습, 관례, 일상의 지혜를 신뢰하는 것을 지질한 '떼거리' 도덕에 투항하는 것으로 간주했을 것이 틀림없다. 인간으로서 비트겐슈타인은 오만하고 고압적이며 피곤할 정도로 까다롭고 귀족적 거만함도 적잖은 수준이었을 개연성이 있다. 그의 후기 사상에 담긴 너그러운 다원주의는 그의 고압적인 기질과 심하게 어긋난다. 그 사상의 사교성은 그의 수도자풍 금욕주의와 상충한다. 그는 "세상에는 온갖 것들이 있어야 한다"라는 영국 속담을 가장 아름답고 다정한 말로 여겼지만, 근본적으로 마음에 안 드는 것들을 적잖이 발견했던 것으로 보인다.

비트겐슈타인의 후기 사상은 전적으로 비#니체적이지만, 그의 근엄하고 고압적이고 반항적인 성격은 초인을 연상시키는 구석이 있다. 니체가 말한 미래의 동물처럼, 비트겐슈타인은 자연 안에서 고독을 추구하는 자유로우며 격렬하게 독립적인 정신이었다. 개인의 자유를 이야기하는 사상에 심드렁했던 그는 어쩌면 20세기 초반 유럽에서 가장 영향력이 컸던 보수주의 사상가 오스발트 슈펭글러에 심취했다.[25] 슈펭글러 사회 정치 사상의 대부분은 '문화비판Kulturkritik'이라는 독일 전통에서 유래한 것으로 볼 만하다. 그 사상은 과학, 진보, 자유주의, 평등, 상업주의, 기술, 민주주의, 소유적 개인주의possessive individualism를 적대시하고 추상적 개념들과 유토피아 사상들을 혐오하는데, 실제로 비트겐슈타인도 이 모든 선입견들을 공유했다.[26] 일반적으로 신사들gentlemen은 이론 같은 막돼먹은 것을 가지고 자신의 실존을 정당화할 필요가 없다.

니체를 비롯한 문화비판자들은 중산계급의 메마른 합리주의와 대비되는 귀족의 자발적, 직관적 지혜를 강력하게 옹호한다. 앎이란 '이유를 앎know-why'이라기보다 '어떻게를 앎know-how'이다. 이 중부 유럽 전통주의자들이 보기에 일상생활은 고도근대를 괴롭히는 불안, 집 없음homelessness, 정신적 고통에 연루되지 않는다. 비트겐슈타인의 마음가짐보다 더 근대주의와 동떨어진 정신적 태도는 거의 없다. 평온하고 자신감이 넘치는 괴테가 독일 낭만주의의 정신적 혼란으로부터 멀찌감치 떨어져 있는 것과 마찬가지로 비트겐슈타인은 근대주의 운동의 격류에서 멀리 벗어나 있다. 괴테와 비트겐슈타인은 둘 다 단호하게 반反비극적이다. 《문화와 가치Culture and Value》에서 비트겐슈타인은 비극적 정신이 그에게 생경하다고 밝힌다. 사람은 일상 환경이라는 자명한 영역 안에서 편하게 활동하다가, 언어의 책략이나 형이상학적 도깨비불 때문에 그 영원한 양식good sense의 원천으로부터 단절될 위험이 있을 때만 철학을 향해 손을 내민다.

따라서 몸을 이성 또는 앎의 모형으로 삼을 수 있을 것이다. 몸은 정신보다 더 원초적이고 의존적인 인지 양태로 여겨진다. 나는 언제든지 나침반을 사용하지 않아도 내 팔꿈치가 어디에 있는지 알 수 있다. 우리는 우리 자신의 살과 친밀한 것과 대체로 같은 방식으로 생활세계를 암묵적으로 안다. 합리주의자들이 오만하게 어떤 상상을 하든지, 생활세계와 몸은 하나의 전체로 통합되거나 완전히 객체화될 수 없다. 메를로퐁티의 말마따나 우리 몸은 "세계와 객체에 접근할 길을 우리에게 제공한다. …… 그 길은 본래적이며 어쩌면 주요한 길로 인정되어야 한다".27 이른바 정신적 표상으로 환원할 수 없는 유형의 신체적 이해가 존재한다. 많은 경우에 나와 내 몸 사이의 관계는 인지적인 사안이 아니다. 우리는 우리 자신의 경험을 알 수 없다고 비트겐슈타인은 강하게 주장한다. "나는 내가 아프다는 것을 알까?"라고 그는 묻는다. 아니다, 그렇지 않다. 그럼 나는 그것을 모를까? 아니다, 역시 그렇지 않다. 여기에서는 '안다'라는 단어가 단적으로 부적절하다. 그 단어는 언어 기계 속에서 주변의 어떤 것과도 맞물리지 못하고 헛도는 톱니바퀴와 같다. '안다'라는 동사는 '모른다'가 가능할 때만 힘을 가지는데, 이 경우에는 후자가 불가능하다. 나는 네가 아프다는 것을 안다고 말할 수 있다. 왜냐하면 나는 그것을 모를 수도 있기 때문이다. 반면에 나는 내가 아프다는 것은 모를 수 없으므로 알 수도 없다.[28]

비트겐슈타인의 정치사상이 품은 외견상 모순의 비밀은 무엇일까? 이런 식으로 마르크스와 니체 사이에 머무를 수 있을까? 이 깐깐한 전통주의자가 실제로 상당한 정도로 좌파였다는 점은 의심의 여지가 거의 없는 듯하다. 비록 비트겐슈타인의 한 여자친구는 대담하게도 그의 면전에서 마르크스주의는 그의 "케케묵은 정치적 입장"처럼 신뢰를 잃은 사상이 전혀 아니라고 말했지만 말이다.[29] 어쩌면 비트겐슈타인의 좌파적 신념 일부는 말년에 빛이 바랬을지도 모른다. 그러나 마르크스주의에 대한 그의 호감이 레이먼드 윌리엄스가 말하는 "부정적 동일시negative identification"에서 유래했을 가능성도 있다.[30] 보수주의자이자 문화적 비관주의에 입각하여 중산계급의 근대성을 비판하는 사람으로서 비트겐슈타인은 일부 측면에서는 그의 공산주의자 동료들의 신념을 반박하면서도 다른 측면에서는 그들과 손을 잡을 수 있다고 느꼈다. 요컨대 적의 적을 친구로 받아들인 것이다. 혹은 소부르주아 사냥터 관리인에 맞서서 지주가 밀렵꾼과 은밀히 친근 관계를 맺은 것이라고 할 수도 있겠다. 아무튼 전통주의자는 사회주의자와 공통점이 상당히 많다. 양쪽 모두 자유주의적 개인주의자나 자유시장주의자와 달리 공동체를 사고의 중심에 둔다. 양쪽 모두 사회적 삶을 철저히 실천적이며 제도적인 것으로 본다. 이런 의미에서 좌파 유물론뿐 아니라 우파 유물론도 존재한다. 이 양쪽은 모두 자본주의 시장이나 의회 민주주의에 냉담하다. 양쪽 모두 인간관계를 개인 정체성의 침해로 보지 않고 그것의 모체로 본다. 양쪽 모두 지나치게 성장한 합리성을 제재하여 전체로서의 사회적 실천 내부의 제자리로 돌려놓으려 한다. 바흐친과 스라파 같은 마르크스주의자가 미래의 이름으로 현재를 거부한다면, 비트겐슈타인은 과거의 이름으로 현재를 일축했다고 생각해볼 수 있다.

그렇다면 비트겐슈타인의 후기 사상은 그의 보수주의의 한 표현일까? 철학자로서 그가 관습과 관례, 깊이 밴 성향과 정착된 행동 형태들을 중심에 놓고 사고한다는 것은 틀림없는 사실이다. 그리고 이 경향이 그의 더 광범위한 사회관에서 유래한다는 것도 의심의 여지가 없다. 그러나 비트겐슈타인의 사회관이 반드시 보수주의와 연결되는 것은 아니다. 사회주의적 사회도—적어도 충분히 오래된 사회라면—관습적 믿음과 정착된 실천 형태들에 의해 작동할 것이다. 마치 모든 것이 영원히 논쟁거리라는 듯이 작동하지 않을 것이다. 자치 협동조합도 버킹엄궁전 가든파티와 똑같은 정도로 관습과 관례에 의해 작동한다. 좌익 사회는 우익 사회와 똑같은 정도로 역사적 유산을 소중히 여긴다. 실제로 레온 트로츠키는 자신과 같은 혁명가들은 항상 전통 안에서 살았다고 말했다. 권위에 대한 외경이 보수주의자들에게 말하자면 제2의 천성이라면, 그들의 급진적 적수들은 권위에 대한 회의를 제2의 천성 같은 것으로 느낄 가능성이 있다.

그럼에도 비트겐슈타인의 보수주의는 실제로 그의 사상을 제약한다. 우리의 문제들을 해결하기 위해 필요한 일은 우리가 이미 아는 바를 재배열하는 것뿐이라는 비트겐슈타인의 주장은 틀렸다. 정말이지, 명백하게, 터무니없게 틀렸다. 또한 비트겐슈타인은 그런 문제들에 답하려 애쓰는 사람은 문이 잠기지 않았는데도 문을 밀지 말고 당겨야 한다는 것을 몰라서 방안에 갇힌 사람과 같다고 넌지시 말하는데, 이것 역시 틀렸다.[31] 이런 말의 유창함은 신경을 건드린다. 그 유창함은 대학교수풍의 무사안일주의를 너무 강하게 연상시킨다. 비트겐슈타인은 대학교수들을 경멸했지만 그들의 더 불미스러운 정신적 습관에 물들었다. 아무튼, 삶꼴에 내재하는 분쟁과 모순을 어떻게 할 것인가? 합의가 깨지고 혼란에 빠지는 경우가 때때로 있지 않은가? 관습과 관례는 격렬한 논란의 대상일 수 없는가? 퍼거스 커Fergus Kerr는 비트겐슈타인의 주장을 나름의 방식으로 다음과 같이 표현한다. "우리의 언어는 안정된 삶꼴들과 정상적 활동 방식들에서 유래한다는 특징을 가진다."[32] 그러나 삶꼴들과 활동 방식들이 늘 안정적이고 정상적인 것은 아니다. 적어도 정치적 격동기에는 그렇지 않다. 비트겐슈타인 본인이 바로 그런 시대를 살았다. 거대한 사회정치적 위기가 무엇보다도 먼저 이른 바 '근대주의modernism'라는, 안정성과 정상성의 혼란에서 느껴지던 시대를 말이다. 어쩌면 관습과 전통에 대한 그의 애착은 부분적으로 그런 역사적 격변을 보완하기 위한 노력, 덜 논쟁적이었던 시대에 대한 향수였을 것이다.

근대성의 두드러진 특징 하나는 우리가 근본적인 사안들에서조차 합의에 이를 수 없다는 자각이다. 거의 모든 사람은 우리가 거리에서 마주치는 다양한 꼬마들을 질식사시키려 하는 것은 권장할 만한 행동이 아니라고 본다. 그러나 우리는 왜 우리의 의견이 그렇게 일치하는지에 대해서 의견의 일치를 이룰 수 없고, 어쩌면 영영 그러할 것이다. 자유주의적 다원주의liberal pluralism는 우리가 철저히 거부하는 견해를 가진 사람들과의 충격적인 협약을 포함할 수도 있다. 자유를 위해 우리가 치르는 대가들 중 하나는 다량의 이데올로기적 쓰레기를 참아내야 하는 것이다. 이런 의미에서— 최소한으로 줄여 말하더라도—삶꼴 안에 의견의 일치란 단연코 없다. 이런 점들을 지적하면서 비트겐슈타인을 비판하는 것은 본질적으로 인간학적 개념인 삶꼴을 도덕적 혹은 정치적 만장일치로 오해하는 것에 기초한다고 반론할 수도 있을 것이다. 그렇다 하더라도, 비트겐슈타인의 사회적 보수주의는 그로 하여금 인간학적 관점을 정치적 사안에 적용하여 불화와 적대를 과소평가하게 할 수 있다. **구조적** 분쟁이라는 개념은 그에게 전혀 낯설게 느껴졌을 것이다. 그가 삶꼴을 생각할 때 염두에 두는 것은 발달한 산업사회가 아니라 부족이나 시골마을이라는 의심을 지우기 어렵다. 삶꼴이 도덕적 혹은 정치적 다툼보다 더 뿌리가 깊다는 것은 옳다. 이를테면 잉글랜드 내전에서 맞선 양편은 똑같은 방식으로 곱셈과 뺄셈을 했고 생물과 무생물을 구별했고 과거가 그들의 뒤에 있다고 생각했다는, 그런 의미에서 말이다. 심지어 그 양편은 여러 기본 범주들을 공유하지 않았다면, 우리는 그 양편이 충돌했다고 말할 수 없을 것이다. 왜냐하면 분쟁은 어느 정도의 공통 기반을 전제하니까 말이다. 하지만 정치적 측면과 인간학적 측면이 늘 이렇게 쉽게 구별되는 것은 아닐 수도 있다. 어쨌든, '인간학적' 층위에서도 다툼이 있을 수 있다. 어쩌면 다양한 삶꼴들이 어떤 면에서는 겹치지만 다른 면에서는 그렇지 않을 수 있을 것이다. 우리의 행동 방식을 충분히 공유하기에 소득세를 내고 공공교통을 이용하지만 자신들의 몸이 유리와 비슷한 최고급 물질로 이루어졌다고 생각하고 우리의 어깨 위에 걸터앉은 악령을 보는 사람들이 길모퉁이에 무리 지어 있을 수도 있다.

비트겐슈타인의 철학에는 이데올로기라는 개념이 없다. 물론 그가 허위의식이라고 부를 만한 것, 즉 우리의 언어와 삶꼴이 낳은 다양한 형이상학적 환상에 많은 관심을 기울이는 것은 사실이다.

그러나 그는 위르겐 하버마스가 말하는 "체계적으로 왜곡된 소통"을 (그런 소통과 정치권력의 관계는 더 말할 것도 없고) 전혀 알지 못한다.[33] 비트겐슈타인이 보기에 우리 언어는 지금 이대로 잘 작동한다. 비록 때로는 사이비 문제들을 생산하지만 말이다. 그리고 철학의 임무는 그런 문제들을 떨쳐내는 것이다. 마르크스는 이데올로기가 권력에 복무한다고 보지만, 비트겐슈타인은 그런 문제들이 일차적으로 권력에 복무한다고 여기지 않는다. 그것들은 사회적 삶에서 특별한 기능이 없다. 물론 곧 보겠지만, 아마도 그것들은 사회적 삶에 토대를 두지만 말이다.

그럼에도 비트겐슈타인의 철학하기 방식과 마르크스주의적 이데올로기 비판 사이에는 뚜렷한 유사성이 있다. 전자는 언어를 다루는 반면, 후자는 실제 삶을 다룬다는 식의 차별화는 옳지 않다. 이미 보았듯이, 비트겐슈타인에게는 언어와 실제 삶 사이에 명확한 구분이 있을 수 없다. 어느 비트겐슈타인 전문가의 말마따나 "철학의 문제들은 언어놀이의 뒤틀림 혹은 기능장애에 그 뿌리를 두고, 이 뒤틀림 혹은 기능장애는 사람들이 살아가는 방식에 무언가 문제가 있다는 신호다."[34] 우리의 언어는 지금 이대로 잘 작동한다는 비트겐슈타인의 주장은 우쭐거리는 자기만족으로 해석할 수 있지만, 또한 우리 언어를 재편성하거나 우리 생각을 재단장함으로써 인간의 불행을 치유하기를 바라는 미숙한 지성주의intellectualism에 대한 유물론적 반박일 수도 있다. 언어가 우리 삶꼴에서 긍정적인 것뿐 아니라 잘못된 것도 기록하는 한에서, 언어는 잘 작동하는 것이다. 그 밖에 다른 의미에서 '언어가 잘 작동한다'면, 그 언어는 건강한 상태에서 영 동떨어져 있는 것이다.

《철학적 탐구》에서 비트겐슈타인은 철학적 문제를 다루는 것은 병을 다루는 것과 유사하다고 말한다.《수학의 토대에 관한 소견》에서 그가 지적하는 바에 따르면 "철학적 문제라는 병의 치유는 오직 사고의 양태^{mode}와 삶의 양태^{mode}의 변화를 통해서만 가능하지, 개인이 발명한 약을 통해서는 가능하지 않다".[35] 마르크스라면 이데올로기에 대해서 똑같은 말을 했을 것이다. 두 사상가 모두에게 그런 개념적 문제들은 일종의 증상이다. 이는 프로이트가 보기에 신경증 증상은 일상생활 속에서 발생하는 어떤 병적 교란의 위치를 알려주는 신호인 것과 유사하다. 이데올로기와 마찬가지로 신경증 증상은 그 위치를 드러내고 또한 은폐한다. 이미 보았듯이, 니체는 도덕 자체를 일종의 기호언어 혹은 증상학^{symptomatology}으로 본다. 마르크스, 니체, 프로이트, 비트겐슈타인은 증상 치료를 꾀하지 않는다. 대신에 그들은 장애의 근본 원인과 씨름하려 한다. 즉, 병을 진단하는 의사의 정신으로 근본 원인의 다양한 표현들에 접근한다. 오직 행동의 변화를 통해서만 우리의 개념적 혼란들 중 일부를 역사의 재떨이에 떨어버릴 가능성이 열린다. 비트겐슈타인은 이렇게 말한다. "사람들이 사는 방식이 변화해서 이 모든 질문들이 불필요해지는 것보다 내 연구를 다른 사람들이 계속 이어가는 쪽을 내가 선호해야 한다고 전혀 확신하지 않는다."[36]

비트겐슈타인이 염두에 두는 변화는 일차적으로 정치적 변화가 아니다. 마르크스는 실천들이 체계적이라고 본다. 따라서 그는 우리 행동의 충분히 심층적인 변화는 구조적 변혁과 함께 이루어져야 한다고 본다. 반면에 비트겐슈타인은 세계를 그런 식으로 보지 않는다. 그러나 비트겐슈타인이 까발리려 하는 환상들 중 일부를 특정한 사회가 낳는다는 점만큼은 마르크스도 틀림없이 인정했을 만하다. 귀족적인 비트겐슈타인이 주목하는 것은 여러 망상의 원천들 중에서도 특히 부르주아 개인주의다. 물론 그는 이 용어를 사용하거나 사회주의가 부르주아 개인주의에 대한 만족스러운 해결책이라고 상상하지 않았을 것이 거의 확실하지만 말이다. 그가 반박하려 하는 것들 중에 중요한 것 하나는 자신에게 투명한self-transparent 주체, 당연히 자신의 사적 경험을 소유하는 주체, 자기 몸의 경계에 의해 다른 자아들과 세계로부터 분리된 그 특권적 (사적 경험의) 영역에 사물들의 진실이 단단히 정박해 있다고 믿으며 따라서 사물들의 존재론적 견고함에 대한 회의에 곧잘 빠지는 주체의 이미지다. 이 비물질적이며 자기 구성적인self-constituting 자아에게 언어, 사회관계, 그 자아 자신의 살과 피는 이차적인 현상들, 단지 우연히 그 자아와 관계 맺은 공적 세계의 부분들이다. 그 자아는 반항적으로 외친다. '당신은 나의 경험을 가질 수 없어!' 하지만 어느 주석가가 지적한 대로, 당신이 나의 경험을 가질 수 없다는 말은 참도 아니고 거짓도 아니다. 왜냐하면 '타인의 경험을 가진다'는 문구가 무의미하기 때문이다.[37] 또한 지금 거론되는 '가지다'의 의미를 고수한다면, 나 역시 나 자신의 경험을 가지지도 않고 가지지 않지도 않는다.

비트겐슈타인이 보기에 형이상학적 사고 형태들은 그릇되게 균질화한다. 구분할 필요가 있는 현상들을 융합한다. 그는 우리 오류의 대다수가 이 습관에서 나오며 우리는 차이들을 식별할 필요가 있다고 보았다. 이와 유사한 정신으로 죄르지 루카치와 프랑크푸르트학파의 명사들을 비롯한 일부 마르크스주의 사상가들은 형식화, 균질화, 보편화가 부르주아적 사유의 특징임을 보여주려 했으며 그 특징들이 자본주의 구조에서 기원한다는 점을 추적했다. 이것은 비트겐슈타인의 동료 조지 톰슨이 한 일이기도 하다. 그는 《최초의 철학자들The First Philosophers》에서 철학의 뿌리를 상품 교환에서 찾는다. 이 작품은 '저속한' 마르크스주의의 색채를 확실히 띠고 있지만, 비트겐슈타인 본인은 마르크스주의에 전혀 물들지 않았다. 그럼에도 비트겐슈타인은 철학의 몇몇 전형적인 오류와 그가 혐오하는 근대 문명 사이에서 연관성을 감지했던 것으로 보인다.

사람들을 설득하여 삶의 방식을 바꾸게 하는 것은 간단한 일이 아니다. 사람들은 정신적 혼란에 깊이 빠져 있다고 비트겐슈타인은 믿는다. 그들을 이 상태에서 해방시키는 것은 "그들을 단단히 붙드는 무수한 연결선들로부터 그들을 뜯어내는 것과 같다. 말하자면 그들의 언어 전체를 재편성할 필요가 있다". 이 해방은 워낙 급진적이어서 "해당 언어에 맞선 본능적 반란을 삶 속에 이미 품은 사람들에서만 성공할 것이고, 본능 전체가 그 언어를 자신들의 적절한 표현으로서 창조한 떼거리 안에서의 삶을 향해 있는 사람들에서는 성공하지 못할 것이다".[38] 비트겐슈타인은 진부한 일상의 지혜를 신성화한다는 비난을 받는 사상가지만, 이 대목에서는 그 지혜에 니체풍의 호통("떼거리")을 퍼붓는다. 반란이라는 정치적 비유, "뜯어내는" 폭력, 순응적인 "떼거리"와 깨어날 수 있는 사람들의 근본적인 맞섬은 상식의 옹호자에게 어울리는 언어라고 보기 어렵다. 실제로 비트겐슈타인은 그런 철학적 대중주의populism 일체로부터 명시적으로 발을 뺀다. 당신은 상식에 호소함으로써 철학적 문제를 회피하려 하지 말고 그 난제에 완전히 끌려 들어가서 싸우며 헤쳐 나와야 한다고 그는 말한다.[39] 이런 의미에서, 비트겐슈타인은 '일상 언어' 철학자와 거리가 한참 멀다. 길버트 라일은 어느 옥스퍼드 대학교 학부생에게 '아무것도 중요하지 않다nothing matters'의 문법과 '아무것도 재잘거리지 않는다nothing chatters'의 문법이 서로 다름을 일깨움으로써 그의 자살을 막았다고 주장하는데, 비트겐슈타인은 이 주장을 접했더라도 심드렁했을 성싶다. 정반대로 그는 이른바 일상 언어가 신기루로 가득 차 있다고 본다. "우리 언어에는 한 편의 신화 전체가 내장되어 있다."[40]

마르크스주의에서 프롤레타리아는 오직 프롤레타리아 자신에 의해서만 해방될 수 있다. 프로이트의 사상에서도 고된 정신분석 노동의 대부분은 환자 자신이 수행해야 한다. 후기 비트겐슈타인 역시 이들과 유사한 견해를 밝힌다. 그가 보기에 철학자의 임무는 진실을 곧이곧대로 전달하는 것이 아니다. 그 전술은 철학을 순전히 이론적인 사안으로 축소시킬 것이다. 오히려 철학자의 임무는 일련의 농담, 이미지, 일화, 감탄사, 반어적 의문, 자신에게 던지는 물음, 단편적인 대화와 대답 없는 질문을 화두처럼 제시하여 독자들로 하여금 그 화두를 계기로 깨달음에 이르러 세계를 새로운 눈으로 보게 하는 것이다. 쇠렌 키르케고르도 이 전술을 "에두르기 indirection"라는 이름으로 사용한다. 비트겐슈타인에 따르면 "유일하게 옳은 철학하기 방법은 아무 말도 하지 않고 상대방으로 하여금 주장하게 하는 것이다. …… 나는 그저 상대방으로 하여금 그가 실제로 행하지만 언명하기를 꺼리는 바를 주목하게 만든다".41 이런 비트겐슈타인이 동료와 학생을 소파에 눕히지 않고 접이의자에 앉히곤 했다는 것은 의아한 일이 아닐 수 없다.

프로이트에게 정신분석은 일차적으로 이론적 담론이 아니라 실천이다. 비트겐슈타인에게 철학은 이론적 담론이 전혀 아니라 실천이다. 정신분석이나 마르크스주의적 이데올로기 비판과 유사하게 그의 철학은 탈신화화 활동, 특히 심각한 혼란 사례들을 위해 준비된 치료법이다. 우리는 철학과 "우리 안의 철학자"에 맞서 그 치료법을 사용해야 한다고 비트겐슈타인은 주장한다.42 우리는 모두 자발적 형이상학자, 우리 언어와 삶꼴에 내장된 허위의식에 사기당한 피해자들이다. 철학자와 정신분석가의 영원한 성업이 보장되어 있다면, 그것은 그들이 불멸의 진리를 가르치기 때문이 아니라 인류에게 환상과 망상이 독감만큼이나 고질적이기 때문이다. 의사와 마찬가지로 철학자는 자신이 제공하는 서비스가 필요 없게 만드는 일을 거듭한다. 비트겐슈타인이 때때로 밝히는 견해에 따르면, 철학의 임무는 그저 단어들을 형이상학적 용법에서 일상적인 용법으로 되돌려놓는 것뿐이다. 하지만 일상생활 자체가 형이상학적 환상에 물들어 있다면, 철학의 임무를 그렇게 국한할 수 있을까?

비트겐슈타인은 철학을 미심쩍게 보면서도 철학의 제한된 가치를 인정한다. 세계를 변화시키려면 당신이 세계를 보는 방식을 변화시켜야 하고, 이와 관련해서 철학이 유용할 수 있다고 그는 믿는다.[43] 당신이 사물들을 보는 방식의 변화는 현실에서 사물들을 변화시키기 위한 필요조건이다. 그러나 비트겐슈타인이 보기에 관점의 변화는 현실 변혁의 충분조건은 아니다. 이 대목에서 그는 마르크스와 입장이 일치한다. 이런 이유 때문에 비트겐슈타인은 철학은 모든 것을 과거 상태 그대로 놔둔다는 악명 높은 주장을 한다. 철학의 임무는 우리의 말하기 방식에 토대를 제공하는 것이 아니다. 이미 우리의 삶꼴이 우리의 말하기 방식에 토대를 제공하니까 말이다. **철학자들이** 우리의 활동을 변혁할 수 있다는 상상은 얼마나 터무니없이 관념론적인가! "먼저 자신을 혁명할 수 있는 사람이 혁명을 이뤄낼 것이다"라고 비트겐슈타인은 말한다.[44] 철학자는 당신을 혁명할 수 없다. 이는 철학자가 당신을 대신해서 재채기를 해줄 수 없는 것과 똑같다. 하품하기나 토하기와 마찬가지로 해방은 당신이 스스로 해야 하는 활동이다. 확실히 비트겐슈타인은 스스로 자신을 해방하려 했다. "개신교적 양심Protestant conscience"이라는 기이한 형태의 조병躁病에 시달리는 한 사람으로서 그에게 자신의 삶을 재구성하려는 욕구는 허울뿐인 독실함이 전혀 아니었다. 엄청나게 부유한 사업가의 아들인 그는 자기 몫으로 돌아온 상당한 재산의 대부분을 남에게 주었고 부자에서 알거지로 추락하는 인생행로에서 항공기술자, 아마추어 건축가, 케임브리지 대학교의 학자, 시골학교 선생, 수도원 정원사, 노르웨이의 은둔자, 아일랜드 서부의 은둔자 생활을 잠깐씩 거쳤다. 이 모든 생활에서 그는 모범적인 도덕적 용기와 진실성을 보여주었다. 학자에 대한 그의 혐오는 학자연하는 가식이 전혀 아니었다.

당신의 해방이 당신에게 달려 있다는 것은 비트겐슈타인과 마르크스가 공유하는 믿음이다. 다른 측면들에서 그들이 서로 다르다는 것은 충분히 명백하다. 비트겐슈타인은 너무 심하게 도덕적이었던 반면, 마르크스는 너무 미미하게 도덕적이어서 도덕을 이데올로기와 다름없게 보고 일축했다. 철학자들을 인력시장으로 내몰 수도 있는 삶의 변화는 비트겐슈타인에게는 주로 개인적 윤리적 사안인 반면, 마르크스에게는 집단적 정치적 사안이다. 사유는 사회적 현실의 거짓 외관appearance을 뚫고 들어가 그것을 산출하는 숨은 메커니즘을 파악해야 한다고 마르크스는 믿는다. 반면에 비트겐슈타인은 그런 감춰진 깊이에 대한 모든 생각을, 설명적인 이론의 필요성과 더불어 거부한다. 그는 감춰진 것들이 있음을 물론 부정하지 않지만 외관과 실재 사이에 근본적인 간극이 있다는 생각을 거부한다. 외관과 실재 사이의 불일치는 구조적이지 않고 국소적이다. 우리가 지각하는 것 밑에 영구적으로 도사린 무언

가를 뜻하는 '깊이'는 해답이라기보다 문제의 일부다. 그것은 우리
가 실재에서 뽑아내는 무언가가 아니라 실재에 부여하는 무언가
다. 진실은 너무 명백하기 때문에, 우리는 진실을 알아채지 못한다.
반면에 마르크스에게 명백함은 바로 이데올로기의 고향이다. 《자
본론》의 저자인 그가 보기에 사회적 삶이 현재 나타나는 방식은
그것이 실제로 존재하는 방식과 어긋난다. 그런 외관이 실체에 내
장되어 있다. 외관은 단지 우리의 지각 오류와 관련된 사안이 아니
다. 비트겐슈타인은 세계가 이런 식으로 다층구조라고 보지 않는
다. 틀림없이 그는 외관과 실재 사이에 구조적 간극이 있다는 주장
을 형이상학적 환상으로 여겼을 것이다. 정반대로, 우리가 오류를
범하는 것은 코앞에 놓인 명백한 것을 지각하지 못하기 때문이다.
오히려 우리는 그것 너머로 어떤 난해한 영역(영혼, 의지, 본질, 의식,
정신적 과정, 의심 불가능한 토대 등)을 투사하고, 그 영역을 그것의
은밀한 진실로 간주한다. 이런 면에서 비트겐슈타인은 니체와 놀
랄 만큼 유사하다. 니체에게는 외관 너머에 아무것도 없다. 그렇다
면 우리는 외관에 대해서 이야기하기를 그만두는 편이 더 나을 것
이다.

　　마르크스, 니체, 비트겐슈타인은 모두 이런 실체화—인간의
능력과 활동을 보이지 않는 실체로 간주하기—를 형이상학적이라
며 일축한다. 마르크스주의 전통에서 실체화는 '사물화[reification]'라는
이름으로 더 많이 불린다. 사물화를 행하는 사람들은 사물성을 실
재성의 척도로 삼는다. 마르크스가 보기에 자본은 관계이지 사물

이 아니다. 사회계급도 마찬가지다. 노동은 확정된 사물이라기보다 개방된 능력이다. 국가는 갈등 조절을 위한 수단이지, 민족정신이 깃든 장소가 아니다. 역사는 단지 사람들의 다채로운 활동들일 뿐이며 그 자체의 숭고한 목적을 가지지 않는다. 특정 활동이나 능력이 일상생활에서 떨어져 나와 고유의 위협적인 힘을 획득할 때, 마르크스, 니체, 비트겐슈타인은 물신[fetish]과 우상[idol]을 본다. 마르크스는 자신이 죽고 얼마 지나지 않아 이런 사물화의 운명이 그 자신의 사상을 덮치리라는 것을 몰랐을 것이다. 이데올로기 비판은 차츰 대표적인 이데올로기가 되었다.

그렇다면 철학은 정말로 일종의 우상파괴다. 《보라 이 사람이로다》에서 니체는 자신의 임무에서 결정적인 부분은 우상을 타도하는 것이라고 선언한다.[45] 철학자에게 가장 소중한 도구들 중 하나는 망치라고 그는 믿는다. 이 정신에 충실하게 비트겐슈타인은 "철학이 할 수 있는 일은 우상을 파괴하는 것이 전부다"라고 말한다.[46] 철학은 우리에 대한 치명적 장악력을 획득한 사물화된 개념들을 떨쳐냄으로써 인간의 사고를 해방시켜야 한다. "철학자들은 말하자면 언어를 동결시키고 딱딱하게 만든다"라고 비트겐슈타인은 푸념한다.[47] 프로이트는 병적인 인간 행동에 대해서 비슷한 주장을 한다. 환자는 동작이 딱딱하고 뻣뻣해진다고 말이다. (비트겐슈타인 자신이 그런 유형의 신경증에 시달렸던 것으로 보인다. 그는 도덕적으로뿐 아니라 신체적으로도 딱딱하고 뻣뻣했다. 그는 무릎 관절이 뻣뻣하다고 느꼈으며, 기도하기 위해 무릎을 꿇으면 그의 몸이 부드러워지면서 녹아 없어질지도 모른다고 생각했다.[48] 사람들이 교회에 가지 않기 위해서 대는 평계 중에 이보다 더 이색적인 것은 없을 것이다.)

난해하고 현실에서 동떨어진 듯한 형이상학과 일상생활 사이에는 다른 관련성들도 있다. 불변의 본질과 자명한 토대가 존재한다는 믿음, 실재를 어떤 환원 불가능한 성분들로 분해할 수 있다는 믿음, 세계의 존재를 의심할 수 없게 증명할 수 있다는 믿음, 우리의 모든 실천을 합리적으로 정당화할 필요가 있다는 믿음, 다른 모든 규칙들을 규제하는 하나의 규칙이 있을 가능성이 있다는 믿음, 내가 나 자신의 경험을 확실히 알 수 있다는 믿음, 언어와 실재 사이에 예정조화가 존재한다는 믿음, 절대적으로 엄밀하지 않은 정의와 구분은 아예 정의와 구분이 아니라는 믿음—니체와 비트겐슈타인이 간파하듯이, 이 모든 믿음은 뿌리 깊은 불안과 의심, 그리고 그에 맞선 지배와 통제의 욕망에서 비롯된 징후다. 이런 의미에서 우리는 형이상학적인 것의 정치학을 거론할 수 있다. 실천적인 삶으로부터 위풍당당하게 가장 멀리 떨어진 듯한 형이상학은 실은 그 삶과 놀랄 만큼 밀접한 관련이 있다.

마르크스는《경제철학수고》에서 이론적 모순의 해결은 오직 실천적 수단을 통해서만 가능하다고 말한다. 포이어바흐에 관한 여덟 째 테제에서 그는 "이론을 신비주의로 오도하는 모든 수수께끼들의 해답은 인간의 실천과 그 실천에 대한 이해에서 발견된다"라고 선언한다. 이것은 비트겐슈타인의 후기 사상과 어울릴 법한 주장이다. 우리는 이미 외람스럽게도 이 신념을 의문시한 바 있다.

개념적 문제로 가장했으나 그 정체는 실천적 문제라는 것을 보여 줄 수 없는 철학적 수수께끼들이 충분히 많다. 그런 수수께끼는 단지 그 기원이 물질적 삶꼴에 있음을 지적하는 것만으로 손쉽게 퇴치할 수 없다. 아무튼, 삶꼴이 본래적으로 허위의식을 조성하는 경향이 있다면, 삶꼴은 해결인 것 못지않게 또한 문제인 것 같다. 마르크스는 그런 기만이 없는 미래를 상상할 수 있다. 왜냐하면 그가 보기에 이데올로기는 엄격한 조건하에서만 존재할 수 있기 때문이다. 이데올로기의 기능은 관념의 층위에서 계급투쟁에 개입하여 절대권력을 거드는 것이다. 그러므로 절대권력을 축출하면, 이데올로기는 사라질 것이다. 반면에 비트겐슈타인의 사상에서 형이상학의 지배는 종결될 수 없다. 이것은 비트겐슈타인과 자크 데리다가 공유하는 견해다.[49] 설령 우리가 삶의 방식을 바꿈으로써 우리의 생각을 탈신화화하더라도, 틀림없이 언어는 언제라도 우리 안에서 또 다른 정신적 병을 키울 것이다. 그러나 이 무자비한 힘에 맞선 일련의 게릴라 습격, '철학'이라는 이름의 일련의 소규모 전투는 가능하다.

《철학적 탐구》에서 비트겐슈타인은 인류의 '자연사 natural history'를 거론한다. 또한 다른 곳에서는 "여기에서 나는 인간을 동물로 간주하고 싶다"라고 밝힌다.[50] 이것은 우리가 이미 아퀴나스, 마르크스, 니체에서 접한 바 있는 관점이다. 또한 비트겐슈타인은 일상적인 확실성에 대해서 그것은 "정당화되거나 그렇지 않음을 벗어나 있는 어떤 것, 말하자면 동물적인 것"이라고 말한다.[51] 식탁 위에 타란툴라 거미 한 마리가 있음을 우리가 아는 것은 이론에 의지해서가 아니다. 이런 의미에서 이론에 대한 비트겐슈타인의 회의적 태도는 단지 구식 고위관료풍의 선입견만은 아니다. 물론 그런 선입견이기도 하지만 말이다. 그 회의적 태도는 비트겐슈타인의 유물론과 관련이 있다. 우리 지식의 많은 부분은 우리 몸의 반응에 기초한 신체적 지식이다.《철학적 탐구》에서 비트겐슈타인이 우리가 "맹목적으로" 규칙을 따른다고 지적할 때, 그의 의도는 권위에 대한 비겁한 복종을 조장하는 것이 아니라 역시나 사유를 몸에 정박하는 것이다. 녹색 신호등이 켜졌을 때 우리가 길을 건너는 것은, 우리가 세계와 맺는 관계가 일차적으로 이론적이지 않다는 사실을 보여주는 상징이다. 우리는 그 교통신호를 맹목적으로 따른다. 이때 '맹목적으로'는 '비합리적으로'를 뜻하지 않는다. 그렇게 생각 없이 교통신호를 준수하는 것은 우리가 우리 삶꼴을 지배하는 공통의 관습을 내면화하여 신체적 성향으로 변환했다는 것을 보여주는 한 예다. 우리는 그 신호를 '해석할' 필요가 없다. 우리가 끊임없이 해석에 열중한다는 생각은 에즈라 파운드를 너무 많이 읽는 사람들이 품는 오해다.

비트겐슈타인에 따르면, 언어는 자연의 몇몇 사실들에, 특히 우리의 신체적 행태에 속박되어 있다. 우리는 다양한 자연적 본능적 방식으로(공포, 연민, 혐오, 공감 등으로) 타인들에게 반응한다. 그 반응들은 결국 우리의 도덕적 정치적 언어놀이에 진입하지만 그 자체로는 해석보다 앞서 있다. 그리고 그 반응들은 인류의 자연사에 속한 것들로서 본성상 보편적이다. 특정한 몸이 문화적으로 아무리 길들여지더라도, 그 반응들은 '인간 몸임'의 의미를 이루는 한 부분이다. 이 물질적 토대 위에서 가장 오래가는 인간적 연대의 형태들이 형성될 수 있다. 우리 문화와 사뭇 다른 어떤 문화의 언어를 우리가 배우려 한다고 상상해보자. 우리는 그 문화의 구성원들이 어떻게 요리하고 농담하고 숭배하고 옷을 꿰매고 범법자를 처벌하는지 등을 관찰할 것이며, 그러면서 그들의 말하기 형태들이 이 활동들과 관련되어 있는 한에서 그 형태들을 이해할 단서를 발견할 것이다. 그러나 이 작업의 많은 부분은 우리가 그들과 신체조건을—비트겐슈타인이 인간 몸의 "자연적 표현성 natural expressiveness"이라고 말하는 것을—공유한다는 것에 의존한다. 그들이 마취 없이 다리를 절단당할 때 나타내는 반응이, 자신의 우주론적 믿음들에 대하여 박식한 예화와 유머까지 곁들여서 감동적이며 유창하게 연설하는 것이라면, 그들을 이해하는 일이 힘겹게 느껴질 것이다. 차라리 토끼와 데이트하는 편이 더 나을지도 모른다. 퍼거스 커의 말마따나 "우리가 지상의 어떤 자연적 언어라도 원리적으로 학습할 수 있는 것은 우리의 신체성 덕분이다."[52]

비트겐슈타인의 철학관은 지나치게 겸손하다. 철학은 혼란에 빠진 정신을 위한 치료법 그 이상일 수 있다. 그럼에도 철학의 허세를 허물기 위해서 그는 일상 세계에 존경을 표한다. 이는 오늘날

의 일부 좌파 지식인을 포함한 지식인들 사이에서 이례적인 태도
다. 일상 경험에 대한 긍정과 불신 사이의 긴장은 사회주의 사상에
필연적으로 내재한다. 레이먼드 윌리엄스와 위르겐 하버마스 같은
사상가들이 긍정 쪽으로 너무 많이 기운다고 할 만하다면, 그들이
남긴 여파 속에서 등장한 유명한 좌파 사상가들의 무리는 비트겐
슈타인이 인류의 공통 행동이라고 부르는 것을 너무 자주 폄하하
며 공통 행동의 개념 자체를 대책 없이 이데올로기적이라며 멸시
한다. 이런 유형의 사상에서 합의, 관습, 공통의 도덕성, 일상의 제
도들은 어떤 더 특권적인 영역(실재the Real, 사건the Event, 욕망, 정치적인
것the political, 기호적인 것the semiotic, 윤리적 결정, 혁명적 활동, '불가능한' 것,
쓸데없는 몸짓gratuitous gesture 등)과는 대조적으로, 좋지 않은 결말에 이
른다. 이것은 프랑스 특유의 악덕이며, 오늘날 이 악덕을 지닌 사
상의 전형적인 예는 알랭 바디우의 철학이다. 물론 이 철학은 다른
면에서는 획기적인 성취지만 말이다. 평범함에 대해서 그런 뻐딱
한 관점을 채택하면, 애당초 인류를 혁명할 가치가 있는가라는 질
문을 피하기 어려워질뿐더러 그 질문에 대답하기도 어려워진다.

비트겐슈타인의 친구 피에로 스라파의 정치적 동지인 안토니
오 그람시는 일상적 실천을 어떤 형이상학적 높이에서 내려다보며
간단히 질책하지 않을뿐더러 단지 대중의 선입견을 신성화하는 것
에 머물지도 않는 유형의 일상적 실천에 대한 비판을 모색한다. 그
람시의 비판은 삶꼴 안에서 이미 비판적이었던 요소—특히 행위
자성 감각sense of agency, 그리고 일상 활동에 암묵적으로 내재하는 변

혁적 가능성—를 찾아내어 그것이 대안적인 형태의 '상식'을 이룰 정도로까지 정교하게 발전시키려 한다.[53] 비트겐슈타인에 대해서도 이와 유사한 이야기를 할 수 있을지도 모른다. 귀족적인 면모의 비트겐슈타인은 실제로 기존의 관행에 대해서 너무 무비판적일 수 있다. 그러나 가장 멋진 면모를 보일 때 그는 일상생활에 대한 예술가의 감수성과, 평범한 사람들이 자기 위주의 환상에 달라붙어 있는 상태에서 뜯겨져 나와야 한다는 선지자의 강변을 조합한다. 이것은 충분히 드문 균형이다.

주

1장 유물론들

1. 18세기 유물론 사상에 대해서는 John W. Yolton, *Thinking Matter: Materialism in Eighteenth-Century Britain*(Oxford: Basil Blackwell, 1984) 참고.

2. 다음을 참고. Raymond Williams, *Keywords: A Vocabulary of Culture and Society*(revised edition, London: Fontana, 1983), p. 199.

3. Friedrich Engels, *The Dialectics of Nature*(New York: International Publishers, 1940), pp. 291~292.

4. Sigmund Freud, 'Project for a Scientific Psychology', in Ernst Kris(ed.), *The Origins of Psychoanalysis*(New York: Basic Books, 1954), p. 379.

5. Sebastiano Timpanaro, *On Materialism*(London: New Left Books, 1975), p. 36.

6. 이 문제에 대한 정통 마르크스주의적 설명의 한 예를 보려면 다음을 참고. Antonio Labriola, *Essays on the Materialistic Conception of History*(London: Monthly Review Press, 1966)

7. 정통적인 설명은 다음을 참고. Henri Lefebvre, *Dialectical Materialism* (London: Jonathan Cape, 1968).

8. 변증법적 유물론이 일종의 관념론이라는 견해는 그 유물론이 정신적이거나 언어적인 기능들인 부정, 모순 등을 물질적 실재 자체에 투사한다는 비판을 기초로 삼는다. 다음을 참고. Lucio Colletti, *Marxism and Hegel*(London: New Left Books, 1973), Part 1.

9. 다음을 참고. John Milbank, 'Materialism and Transcendence', in Creston Davis, John Milbank and Slavoj Žižek(eds), *Theology and the Political*(Durham, NC:

Duke University Press, 2005), pp. 394~395.

10. Slavoj Žižek, *Absolute Recoil: Towards a New Foundation of Dialectical Materialism*(London: Verso, 2014), p. 13.

11. Introduction to Diana Cook and Samantha Frost(eds), *New Materialisms: Ontology, Agency, and Politics*(Durham, NC: Duke University Press, 2010), p. 9.

12. Jane Bennett, 'A Vitalist Stopover on the Way to a New Materialism', 위와 같은 문헌, p. 47. 또한 이 문제를 경탄할 만큼 포괄적으로 다룬 그녀의 본격적인 연구서 *Vibrant Matter*(Durham, NC: Duke University Press, 2010)도 참조하라.

13. Pheng Cheah, 'Non-Dialectical Materialism', in Cook and Frost(eds), *New Materialisms*, p. 79.

14. Rey Chow, 'The Elusive Material: What the Dog Doesn't Understand', 위와 같은 문헌, p. 226.

15. Eric L. Santner, *The Weight of All Flesh: On the Subject-Matter of Political Economy*(Oxford: Oxford University Press, 2016), p. 261.

16. Karl Marx, *Early Writings*(London: Penguin, 1992), p. 328.

17. 들뢰즈의 철학에 관한 탁월한 입문서로 Peter Hallward, *Deleuze and the Philosophy of Creation*(London: Verso, 2006)이 있다.

18 특히 Raymond Williams, *Culture*(London: Fontana, 1981) 그리고 *Culture and Materialism*(London: Verso, 2005) 참고. Andrew Milner, *Cultural Materialism* (Melbourne: Melbourne University Press, 1993)에서도 유익한 설명을 얻을 수 있다.

19. Ludwig Wittgenstein, *The Blue and Brown Books*(Oxford: Basil Blackwell, 1958), p. 3.

20. 다음을 참고. Anthony Kenny, *Wittgenstein*(Harmondsworth: Penguin, 1973), Ch. 8.

21. Karl Marx, *Early Writings*, p. 356.

22. Karl Marx and Friedrich Engels, *The German Ideology*(London: Lawrence and Wishart, 1974), pp. 50~51.

23. 위와 동일.

24. 다음을 참고. Samantha Frost, 'Fear and the Illusion of Autonomy', in *New*

Materialisms, pp. 158~176.

25. Joeri Schrijvers, *An Introduction to Jean-Yves Lacoste*(Farnham: Ashgate, 1988), p. 49.

26. Timpanaro, *On Materialism*, p. 34.

27. Marx, *Early Writings*, p. 389.

28. 다음을 참고. Jean-Luc Nancy, *The Sense of the World*(Minneapolis: University of Minnesota Press, 1997), p. 34.

29. 다음을 참고. Simon Critchley, *Infinitely Demanding: Ethics of Commitment, Politics of Resistance*(London: Verso, 2012), p. 86.

30. Alfred Schmidt, *The Concept of Nature in Marx*(London: New Left Books, 1971), p. 96.

31. 비트겐슈타인 가족의 이례적인 정신건강 상태에 대해서는 다음을 참고. Alexander Waugh, *The House of Wittgenstein: A Family at War*(London: Bloomsbury, 2008).

32. Ludwig Wittgenstein, *Culture and Value*(Oxford: Blackwell, 1980), p. 4e.

33. 비트겐슈타인이 살던 시절의 빈과 프로이트에 대한 흥미진진한 연구서로 Allan Janik and Stephen Toulmin, *Wittgenstein's Vienna*(New York: Simon & Schuster, 1973)가 있다. 이 책의 한 대목에서 '레너드 울프의 아내, 버지니아'가 언급된다. 비트겐슈타인과 프로이트에 대해서는 다음을 참고. Brian McGuinness, 'Freud and Wittgenstein', in Brian McGuinness(ed.), *Wittgenstein and his Times*(Bristol: Theommes Press, 1998), pp. 108~120.

34. 특히 메이야수의 *After Finitude: An Essay on the Necessity of Contingency* (London: Continuum, 2009)를 보라. 메이야수의 철학에 대한 유익한 연구서로는 다음을 참고. Levi Bryant, Nick Srnicek and Graham Harman(eds), *The Speculative Turn: Continental Materialism and Realism*(Melbourne: re.press, 2011), Christopher Watkin, *Difficult Atheism*(Edinburgh: Edinburgh University Press, 2011), Graham Harman, *Quentin Meillassoux: Philosophy in the Making*(Edinburgh: Edinburgh University Press, 2011).

35. Spinoza, *Ethics*(London: Everyman, 1993), p. 25.

36. In Harman, *Quentin Meillassoux: Philosophy in the Making*, pp. 90~122.

37. Friedrich Engels, *Ludwig Feuerbach and the End of Classical German Philosophy* (London: Union Books, 2009), p. 30.

2장 오소리는 영혼이 있을까?

1. Ludwig Wittgenstein, *Philosophical Investigations*(Oxford: Basil Blackwell, 1967), p. 178. 이하 내용의 일부는 다음의 나의 논문에서 따온 것. 'The Body as Language', *Canadian Review of Comparative Literature*, 41, 1(March, 2014), pp. 11~16.

2. Maurice Merleau-Ponty, *Phenomenology of Perception*(London: Routledge, 1962), p. 94.

3. 다음을 참고. Karl Marx and Friedrich Engels, *Collected Works*, vol. 5(London: Lawrence & Wishart, 1976), p. 44.

4. Denys Turner, *Thomas Aquinas: A Portrait*(New Haven, CT: Yale University Press, 2013), p. 62.

5. 다음을 참고. Ludwig Wittgenstein, *Zettel*, ed. G.E.M. Anscombe and G.H. von Wright(Oxford: Basil Blackwell, 1967), p. 220.

6. Marx, *Early Writings*, p. 355.

7. Wittgenstein, *Philosophical Investigations*, p. 178.

8. Nancy, *The Sense of the World*, p. 131.

9. Engels and Marx, *The German Ideology*, pp. 55~56.

10. 다음을 참고. Nicholas M. Heaney, *Thomas Aquinas: Theologian of the Christian Life*(Aldershot: Ashgate, 2003), pp. 140~141. 영혼과 몸에 대한 아퀴나스의 견해는 특히 Ralph McInerny(ed.), *Aquinas Against the Averroists*(Lafayette, IN: Purdue University Press, 1993), 그리고 Thomas Aquinas, *Light of Faith: The Compendium of Theology*(Manchester, NH: Sophia Institute, 1993)를 참고하라. 세계를 뒤흔든 정도는 덜 한 편이지만, 몸의 신학을 다룬 문헌으로 Terry Eagleton, *The Body as Language: Outline of a 'New Left' Theology*(London: Sheed & Ward, 1970)도 있다.

11. Alasdair MacIntyre, *Dependent Rational Animals*(London: Duckworth, 1999), p. 49.

12. Marx, *Early Writings*, p. 355.

13. 위와 같은 문헌, p. 328.

14. Merleau-Ponty, *Phenomenology of Perception*, p. 102.

15. 다음을 참고. Wittgenstein, *Zettel*, para. 504.

16. Friedrich Nietzsche, *The Twilight of the Idols* 그리고 *The Anti-Christ* (Harmondsworth: Penguin, 1968), p. 151.

17. Turner, *Thomas Aquinas*, p. 52.

18. 위와 같은 문헌, p. 51.

19. 위와 같은 문헌, p. 90.

20. 위와 같은 문헌, p. 97.

21. 위와 같은 문헌, p. 89.

22. Giorgio Agamben, *The Open: Man and Animal*(Stanford, CA: Stanford University Press, 2004).

23. Wittgenstein, *Philosophical Investigations*, p. 223.

24. 다음을 참고. MacIntyre, *Dependent Rational Animals*, p. 59.

25. Martin Heidegger, *The Fundamental Concepts of Metaphysics*(Bloomington, IN: University of Indiana Press, 1955), p. 210.

26. 다음을 참고. John Macmurray, *Reason and Emotion*(London: Faber & Faber, 1962), p. 7.

27. 다음을 참고. Terry Eagleton, *The Ideology of the Aesthetic*(Oxford: Wiley-Blackwell, 1990), Ch. 1.

28. 다음을 참고. Alasdair MacIntyre, *After Virtue*(Notre Dame, IN: University of Notre Dame Press, 1981).

3장 감각들을 해방시키기

1. 'Theses on Feuerbach', in Marx and Engels, *The German Ideology*, p. 121.

2. Marx, *Early Writings*, p. 352.

3. 나는 이 주제를 다음의 나의 논문에서 더 자세히 다뤘다. 'Bodies, Artworks, and Use Values', *New Literary History*, 44, 4(Autumn, 2013), pp. 561~573.

4. Engels and Marx, *The German Ideology*, p. 62.

5. Marx, *Early Writings*, p. 354(번역 약간 수정).

6. 위와 같은 문헌, p. 352.

7. Jürgen Habermas, *Knowledge and Human Interests*(Cambridge: Polity, 1987), pp. 35~36. 이와 관련해서 마르크스의 철학을 훌륭하게 비판하는 문헌으로 Andrew Feenberg, *The Philosophy of Praxis: Marx, Lukács and the Frankfurt School*(London: Verso, 2014), 특히 3장을 참고하라. 이 문헌은 초기 마르크스의 과학과 객관성에 대한 폄하를 반박한다.

8. Habermas, *Knowledge and Human Interests*, p. 41.

9. Engels and Marx, *The German Ideology*, p. 50.

10. 같은 문헌 p. 50. 이 주제에 대한 유익한 토론으로 다음을 참고. John Bellamy Foster, *Marx's Ecology: Materialism and Nature*(New York: Monthly Review Press, 2000).

11. Engels and Marx, *The German Ideology*, p. 63.

12. Timpanaro, *On Materialism*, p. 50.

13. John Macmurray, *The Self as Agent*(London: Faber & Faber, 1969), p. 101. 맥머리의 사상은 역사주의적이며 공동체주의적이라는 점에서 정통 앵글로색슨 철학과 어긋난다. 스코틀랜드어와 아일랜드 게일어를 구사하는 알래스데어 매킨타이어도 마찬가지다. 식민지의 변방에서는 역사와 공동체의 문제를 무시하기가 그리 쉽지 않다.

14. Marx, *Early Writings*, p. 328.

15. Engels and Marx, *The German Ideology*, p. 42.

16. 다음을 참고. Norman Geras, *Marx and Human Nature: Refutation of a Legend* (London: Verso, 1983). 이 문헌은 마르크스가 실제로 인간 본성의 개념을 가지고 있었으며 그 점에서 전적으로 옳았다고 주장한다.

17. Kate Soper, 'Marxism, Materialism and Biology', in John Mepham and David-Hillel Ruben(eds), *Issues in Marxist Philosophy*, vol. 2(Brighton: Harvester, 1979),

p. 95.

18. Raymond Williams, 'Problems of Materialism', *New Left Review*, 109(May – June,1978), p. 14.

19. Engels and Marx, *The German Ideology*, p. 49(번역 약간 수정).

20. Marx, *Early Writings*, p. 352.

21. 위와 같은 문헌, p. 238.

22. 위와 같은 문헌, pp. 360 and 285.

23. 위와 같은 문헌, p. 361.

24. 위와 동일.

25. Elaine Scarry, *The Body in Pain*(Oxford: Oxford University Press, 1987), p. 244.

26. Marx, *Early Writings*, p. 329.

27. 위와 같은 문헌, p. 351.

28. 위와 같은 문헌, p. 365.

29. Engels and Marx, *The German Ideology*, p. 47(번역 수정).

30. Theodor Adorno, *Negative Dialectics*(London: Routledge & Kegan Paul, 1973), p. 408.

31. Macmurray, *The Self as Agent*, p. 25.

32. Nietzsche, *Twilight of the Idols* 그리고 *The Anti-Christ*, p. 35.

33. Walter Benjamin, *Illuminations*, ed. Hannah Arendt(London: Fontana, 1973), pp. 256~257.

34. Engels and Marx, *The German Ideology*, pp. 51~52.

35. 다음에서 재인용. Alfred Schmidt, *The Concept of Nature in Marx*(London: New Left Books, 1971), pp. 31~32.

36. Etienne Balibar, *The Philosophy of Marx*(London: Verso, 1995), p. 2.

37. *Basic Writings of Nietzsche*, ed. Walter Kaufmann(New York: Random House, 1968), p. 737.

38. 다음에서 재인용. Schmidt, *The Concept of Nature in Marx*, p. 24.

39. G. E. Moore, 'Wittgenstein's Lectures in 1930–33', in *Philosophical Papers*(London: Allen & Unwin, 1959), p. 322.

40. Richard Rorty, *Consequences of Pragmatism*(Brighton: Harvester Press, 1982),

p. 93.

41. 마르크스와 비트겐슈타인을 비교하는 의미심장한 문헌으로 다음을 참고. D. Rubinstein, *Marx and Wittgenstein: Social Praxis and Social Explanation*(London: Routledge & Kegan Paul, 1981).

42. Engels and Marx, *The German Ideology*, p. 118.

4장 쾌활

1. Friedrich Nietzsche, *Beyond Good and Evil*, in *Basic Writings of Nietzsche*, p. 393. 니체의 철학을 다루는 가장 훌륭한 입문서는 상세하고 신중하며 포괄적인 다음 문헌이다. Richard Schacht, *Nietzsche*(London: Routledge and Kegan Paul, 1983).

2. Nietzsche, *Beyond Good and Evil*, in *Basic Writings of Nietzsche*, p. 307.

3. 위와 같은 문헌, p. 534.

4. Theodor Adorno, *Prisms*(London: Neville Spearman, 1967), p. 260.

5. 니체와 예술을 다루는 값진 문헌으로 다음을 참고. Alexander Nehamas, *Nietzsche: Life as Literature*(Cambridge, MA: Harvard University Press, 1985).

6. Nietzsche, *The Twilight of the Idols* 그리고 *The Anti-Christ*, p. 116.

7. Ludwig Wittgenstein, *Remarks on the Philosophy of Psychology*(Oxford: Basil Blackwell, 1980), vol. 2, p. 690.

8. Friedrich Nietzsche, *Thus Spake Zarathustra*(London: Penguin, 2003), pp. 61~62.

9. Nietzsche, *The Twilight of the Idols* 그리고 *The Anti-Christ*, p. 124.

10. Friedrich Nietzsche, *The Gay Science*(New York: Vintage, 1974), p. 18.

11. 위와 같은 문헌, p. 267.

12. Friedrich Nietzsche, *The Will to Power*(New York: Vintage, 1967), p. 284.

13. Friedrich Nietzsche, *Daybreak: Thoughts on the Prejudices of Morality*(Cambridge: Cambridge University Press, 1997), p. 76.

14. Nietzsche, *On the Genealogy of Morals*, in *Basic Writings of Nietzsche*, p. 544.

15. Nietzsche, *Beyond Good and Evil*, in *Basic Writings of Nietzsche*, p. 323.

16. Nietzsche, *Ecce Homo*, in *Basic Writings of Nietzsche*, p. 689.

17. Nietzsche, *Beyond Good and Evil*, in *Basic Writings of Nietzsche*, p. 202.

18. 위와 같은 문헌, p. 237.

19. Nietzsche, *On the Genealogy of Morals*, in *Basic Writings of Nietzsche*, p. 531.

20. 위와 같은 문헌, p. 529.

21. 위와 같은 문헌, p. 498.

22. Sigmund Freud, *The Future of an Illusion*, in *Sigmund Freud*, vol. 12, *Civilization, Society and Religion*(Harmondsworth: Penguin, 1985), p. 192.

23. Nietzsche, *Beyond Good and Evil*, in *Basic Writings of Nietzsche*, p. 392.

24. 다음에서 재인용. Andrew Bowie, *Aesthetics and Subjectivity: From Kant to Nietzsche*(Manchester: Manchester University Press, 1990), p. 224(번역 약간 수정).

25. 나는 이 주제를 다음 문헌에서 더 자세히 논했다. *Culture and the Death of God*(New Haven, CT: Yale University Press, 2014), Ch. 5.

26. 이 사회사상 전통에 대해서는 다음을 참고. Raymond Williams, *Culture and Society 1780–1950*(Nottingham: Spokesman Books, 2013).

5장 거친 바다

1. Ludwig Wittgenstein, *On Certainty*(Oxford: Basil Blackwell, 1969), p. 23.

2. A.C. Grayling, *Wittgenstein*(Oxford: Oxford University Press, 1988), p. 84.

3. MacIntyre, *Dependent Rational Animals*, p. 30.

4. Nietzsche, *Beyond Good and Evil*, in *Basic Writings of Nietzsche*, p. 201.

5. Wittgenstein, *Philosophical Investigations*, p. 8.

6. Ludwig Wittgenstein, *Philosophical Grammar*, ed. Rush Rhees(Oxford: Basil Blackwell, 1974), para. 55.

7. Charles Taylor, 'Theories of Meaning', *Proceedings of the British Academy*, 66 (1980), p. 327.

8. Ted Schatzki, 'Marx and Wittgenstein as Natural Historians', in Gavin Kitching and Nigel Pleasants(eds), *Marx and Wittgenstein: Knowledge, Morality and Politics* (London: Routledge, 2002), p. 55.

9. Ludwig Wittgenstein, *Remarks on Colour*, ed. G.E.M. Anscombe(Oxford: Basil Blackwell, 1977), p. 302.

10. Engels and Marx, *The German Ideology*, p. 47.

11. 이 주제에 관한 비트겐슈타인의 생각을 약간 가혹하기는 해도 훌륭하게 해 설하는 문헌으로 P.M.S. Hacker, *Insight and Illusion*(Oxford: Oxford University Press, 1986), 특히 7장을 참고하라. 또한 다음 문헌도 참고. G.P. Baker and P.M.S. Hacker, *Wittgenstein: Understanding and Meaning*(Oxford: Blackwell, 2005).

12. Wittgenstein, *Philosophical Investigations*, p. 46.

13. Ludwig Wittgenstein, *Remarks on the Foundations of Mathematics*(Oxford: Basil Blackwell, 1978), p. 37.

14. Wittgenstein, *Philosophical Investigations*, p. 14.

15. 다음에서 재인용. J.C. Nyiri, 'Wittgenstein's Later Works in Relation to Conservatism', in Brian McGuinness(ed.), *Wittgenstein and His Times*, p. 57.

16. 나는 다음의 내 책에서 이 문제를 더 자세히 다뤘다. 'Wittgenstein's Friends', in Terry Eagleton, *Against the Grain*(London: Verso, 1986), Ch. 8.

17. 다음 참고. Ray Monk, *Ludwig Wittgenstein: The Duty of Genius*(London: Jonathan Cape, 1990), p. 354.

18. 비트겐슈타인과 소련을 다루는 문헌으로 다음 참고. John Moran, 'Wittgenstein and Russia', *New Left Review*, 73(May–June, 1972), pp. 83~96.

19. 케임브리지 대학교 트리니티 칼리지에서 소련 스파이를 모집한 사람이 누구든 간에, 그가 케임브리지 대학교를 완전히 장악했던 것은 아니다. 그곳 에서 나를 가르친 선생은 영국 정보국 스파이 모집책이었다. 그는 나를 모 집하려 할 만큼 무분별하지는 않았지만 말이다.

20. 다음에서 재인용. Maurice O'Connor Drury, 'Conversations with Wittgenstein', in Rush Rhees(ed.), *Ludwig Wittgenstein: Personal Recollections*(Oxford: Blackwell, 1981), p. 158.

21. 다음을 참고. Norman Malcolm, *Ludwig Wittgenstein: A Memoir*(Oxford: Oxford University Press, 1958), p. 58.

22. 다음을 참고. George Thomson, *The First Philosophers*(London: Lawrence & Wishart, 1955).

23. Wittgenstein, *Culture and Value*, p. 49.

24. McGuinness, *Wittgenstein and His Times*, p. 9.

25. 다음을 참고. David Bloor, *Wittgenstein: A Social Theory of Knowledge*(London: Macmillan, 1983), pp. 163f.

26. 비트겐슈타인의 이 같은 면모를 생생하게 보여주는 문헌으로 다음 참고. Neil Turnbull, 'Wittgenstein's *Leben*: Language, Philosophy and the Authority of Everyday Life', in Conor Cunningham and Peter M. Candler(eds), *Belief and Metaphysics*(London: SCM Press, 2007), pp. 374~392.

27. Merleau-Ponty, *Phenomenology of Perception*, p. 162.

28. 다음을 참고. Wittgenstein, *Philosophical Investigations*, p. 89.

29. Fania Pascal, 'Wittgenstein: A Personal Memoir', in Rhees, *Ludwig Wittgenstein: Personal Recollections*, p. 35.

30. 다음을 참고. Williams, *Culture and Society*, pp. 176~177, 271~272.

31. Wittgenstein, *Culture and Value*, p. 42.

32. Fergus Kerr, *Theology After Wittgenstein*(Oxford: Basil Blackwell, 1986), p. 120.

33. Jürgen Habermas, 'On Systematically Distorted Communication', *Inquiry*, 13 (1970), pp. 2015~2018.

34. Georg H. von Wright, 'Wittgenstein in Relation to His Times', in McGuinness (ed.), *Wittgenstein and His Times*, p. 111.

35. Wittgenstein, *Remarks on the Foundations of Mathematics*, p. 57.

36. Wittgenstein, *Culture and Value*, p. 61.

37. 다음을 참고. Hacker, *Insight and Illusion*, p. 233.

38. 다음에서 재인용. von Wright, 'Wittgenstein in Relation to His Times', p. 113.

39. 다음을 참고. Alice Ambrose(ed.), *Wittgenstein's Lectures: Cambridge 1932–1935* (Oxford: Blackwell, 1979), pp. 108~109.

40. 다음에서 재인용. Kenny, 'Wittgenstein and the Nature of Philosophy', p. 13.

41. 다음에서 재인용. Hacker, *Insight and Illusion*, p. 155. 이 전술을 채택한 교육의 가장 저급한 형태를 일컬어 구식 옥스브리지*의 개별 교습이라고 한다.

42. 다음에서 재인용. Kenny, 'Wittgenstein and the Nature of Philosophy', p. 13.

43. 다음을 참고. Malcolm, *Ludwig Wittgenstein: A Memoir*, p. 39.

44. Wittgenstein, *Culture and Value*, p. 45.

45. Nietzsche, *Ecce Homo*, in *Basic Writings of Nietzsche*, p. 674.

46. 다음에서 재인용. McGuinness(ed.), *Wittgenstein and His Times*, p. 5.

47. 위와 같은 문헌, p. 17.

48. 다음을 참고. Wittgenstein, *Culture and Value*, p. 56.

49. 비트겐슈타인과 데리다를 비교하는 독창적인 문헌으로 다음을 참고. Henry Staten, *Wittgenstein and Derrida*(Oxford: Blackwell, 1985).

50. Wittgenstein, *On Certainty*, para. 475.

51. 위와 같은 문헌, para. 359.

52. 다음 세 문헌을 참고. Kerr, *Theology After Wittgenstein*, p. 109. Len Doyal and Roger Harris, 'The Practical Foundations of Human Understanding', *New Left Review*, 139(May–June, 1983), pp. 59~78. G. Macdonald and P. Pettit, *Semantics and Social Science*(London: Routledge & Kegan Paul, 1981).

53. 다음을 참고. Antonio Gramsci, *Selections from the Prison Notebooks*, ed. Quintin Hoare and Geoffrey Nowell Smith(London: Lawrence & Wishart, 1971), p. 330.

• 옥스포드 대학교와 케임브리지 대학교.

옮긴이 해제

'신체적 유물론'이라는 우리의 자화상

1.

테리 이글턴의 짤막한 책《유물론》을 읽는 평균적인 독자는 그의 서술이 산만하다는 느낌을 받을지도 모른다. 널리 알려진 20세기 철학자들인 마르크스, 니체, 비트겐슈타인, 프로이트가 이른바 "신체적 유물론자"로서 주로 언급되지만, 그들에 못지않게 13세기 철학자 토마스 아퀴나스가 역시 자주 거론된다는 점부터가 의아하게 다가올 만하다. 가톨릭의 성인인 아퀴나스와 유물론은 상극이 아닌가?

중요한 것은 저자의 신체적 유물론somatic materialism이 보편적 존재론으로 자처하지 않는다는 점이다. 유물론이라고 하면 사람들은 흔히, 오로지 물질만 존재하며 정신은 존재하지 않는다, 라는 식의 보편적 주장을 떠올리지만, 이는 이글턴이 책의 첫머리에서 열거하는 유물론의 여러 형태들 가운데 하나일 뿐이다.

이글턴의 신체적 유물론은 그런 거창한 존재론적 주장과 사뭇 다르다. 신체적 유물론은 무엇보다도 먼저 인간을 바라보는 관점 혹은 태도다. 그래서 저자는 "인간학적 유물론anthropological materialism"
이라는 대안적인 명칭도 제안한다. 저자에 따르면 "신체적 유물론"
은 "인간과 관련해서 가장 확실하게 손에 잡히는 것을 진지하게 받
아들"(50쪽)이는 태도이며, 그 확실히 손에 잡히는 것은 "인간의 동
물성, 실천적 활동, 신체 구조"(51쪽)다.

　요컨대 저자가 주목하는 것은 인간의 몸이다. 그는 인간의 몸
을 철학적 논의의 출발점으로 삼아야 한다는 입장이며, 이 입장을
신체적 유물론으로 부른다. 그러므로 기독교도인 토마스 아퀴나스
가 신체적 유물론자로 분류되는 것도 충분히 납득할 만하다. 저자
가 옳게 지적하듯이 "기독교는 영혼의 불멸이 아니라 몸의 부활을
믿는"(68쪽) 종교니까 말이다. 우리가 몸으로서 존재한다는 것은
아리스토텔레스를 계승한 토마스의 기본 전제였다.

2.

물론 똑같이 몸을 주목하면서도 몸의 어떤 측면을 부각하느냐는
철학자마다 다를 수 있다. 실제로 이 책이 다루는 토마스 아퀴나
스, 마르크스, 니체, 비트겐슈타인, 프로이트는 결코 단조로운 선율
을 연주하지 않는다. 오히려 그들은 마치 프리 재즈를 하는 연주자
들처럼 각자 자신의 음악을 들려줄 뿐이다. 그러므로 이들의 음악
을 뭉뚱그려 신체적 유물론이라는 느슨한 통일체를 구성하는 작업
은 어느 정도 산만함을 감수할 수밖에 없을 것이다.

　하지만 저자가 말하는 신체적 유물론이 일관성을 갖췄다는

점도 틀림없는 사실이다. 그 일관성은 저자가 공격하고자 하는 적이 누구인가를 보면 꽤 명확하게 드러난다. 한편으로 그 적은 역시나 관념론이다. 이때 관념론이란, 오직 관념만 존재한다, 라는 식의 거창하고 공허한 존재론적 주장이 아니다. 이번에도 핵심은 인간을 대하는 태도, 기본적인 인간상이다. 이글턴이 말하는 관념론은 인간을 절대적으로 자율적이며 자족적인 존재로 보는 관점이다. 거기에 맞서 신체적 유물론은 인간 주체가 항상 자기에게 어느 정도 낯선 자임을 강조한다.

"따라서 인간 주체는 항상 어느 정도 자기 자신에게 낯선 자, 자신이 완전히 소유할 수 없는 힘들에 의해 구성된 자다. 바로 이것이 유물론의 주장이다. 관념론이란 마치 스스로 태어나기라도 한 것 같은 주체를 출발점으로 삼는, 따라서 충분히 멀리 거슬러 올라가서 출발하는 데 실패하는 철학이다."(35쪽)

현재 우리 주위에서 인간의 절대적 자율성을 옹호하는 목소리는 없다시피 한 것 같다. 어쩌다가 그런 목소리가 인위적으로 재구성되는 경우에도, 그것은 이른바 주체 중심의 근대철학을 통쾌하게 비판하기 위한 예비 작업일 경우가 태반이다. 그러므로 이글턴이 맞서는 적이 그런 자율적 자족적 주체에 기초를 둔 '관념론'뿐이라면, 그의 대결은 우리에게 큰 관심거리이기 어려울 것이다. 적이 막강하기는커녕 과연 있는지조차 불분명한 상황이니, 대결의 흥행은 난망하지 않겠는가.

그러나 이글턴은 또 다른 강력한 적에 맞선다. 그 적은 그가 "신유물론New Materalism"이라고 부르는 형이상학적 유물론이다. 생기론적 유물론의 전통 안에 있는 신유물론은 생명이라는 신비로운 개념에 취해 인간을 망각하는 경향이 있다. 이른바 포스트구조주의와 마찬가지로 신유물론은 탈인간적 관점을 추구한다. 그러나 이글턴은 이런 탈인간적 관점 역시 '관념론'과 마찬가지로 한쪽 극단으로 치우쳤다고 비판한다. 그는 "신체적 유물론자"로서 "인간과 관련해서 가장 확실하게 손에 잡히는 것을 진지하게 받아들"이고자 하며, 그래서 포스트구조주의와 '신유물론'이 말하는 탈인간화의 요구 앞에서 "어떻게 우리가 우리 자신으로부터 벗어날 수 있느냐[?]"라고 진지하게 묻지 않을 수 없다.

이글턴에게 물질(대표적으로 몸)은 우리의 기반인 동시에 굴레다. 물질은 우리에게 완강히 저항한다. 이 같은 물질의 완강함을 알아채고 인정하는 것이 신체적 유물론, 나아가 무릇 유물론의 출발점이다. 그럼에도 이른바 신유물론은 우리와 물질 사이에 존재하는 이 엄연한 맞섬을 은폐하면서 양자의 동질성만을 강조하는 경향이 있다.

"일부 생기론적 유물론자들은 인간과 나머지 자연의 다름을 강조하는 것은 차별적인 위계를 설정하는 것이라고 우려한다. 그러나 사람은 실제로 몇몇 측면에서 고슴도치보다 더 창조적이다. 또한 사람은 고슴도치와 비교할 수 없을 만큼 파괴적인데, 그 원인은 대체로 사람의 창조성과 연결된다. 인간이 고슴도치보다 더 창조적이라는 것을 부정하는 사람은 인간이 고슴도치보다 훨씬 더 파괴적이라는 것을 무시할 위험이 있다."(26쪽)

우리와 고슴도치의 다름을 강조하는 것은 고슴도치와는 비교조차 할 수 없는 우리 자신의 파괴성을 주목하고 경계한다는 의미가 있다. 인본주의는 흔히 인간의 특권적 지위를 옹호하는 사상으로 비판받지만 오히려 그 같은 인간의 특권적 지위에 동반된 책임을 강조하는 겸허한 태도일 수 있다. 그러나 신유물론과 포스트구조주의는 인본주의를 일방적으로 매도하는 경향이 있다.

"신유물론은 포스트구조주의와 마찬가지로 인본주의―인간이 세계에서 특권적인 지위를 차지한다는 믿음―를 의심하며, 인간과 자연계를 무차별적으로 휩쓰는 물질적 힘들을 지목함으로써 인본주의를 흠집 내려 한다."(25쪽)

예컨대 질 들뢰즈는 인간 주체를 주춧돌로 삼는 철학 전통에서 훌쩍 벗어나 웅장한 형이상학적 유물론을 추구하지만 이글턴이 보기에는 기본적으로 '유물론자'조차도 아니다. 왜냐하면 들뢰즈가 말하는 "생명"은 인간의 "몸"이 발휘하는 완강한 저항과 전혀 관련이 없는 것으로 보이기 때문이다.

"들뢰즈의 우주적 생기론은 맹렬한 반反유물론이다. '생명'은 에테르화하는 힘이며, 신체를 가진 인간에 전혀 관심이 없다. 신체적인 인간의 최고 성취는 자신의 동물성을 벗어던지고 이 확고한 힘의 고분고분한 매체가 되는 것이다. 하지만 이 대목에서 핵심 질문은, 어떻게 우리가 우리 자신으로부터 벗어날 수 있느냐이다."(29쪽)

결국 이글턴은 들뢰즈의 '신유물론'에서 한낱 낭만적-자유주의적 철학을 볼 뿐이다.

"요컨대 우리 앞에 놓인 것은, (마치 창조와 혁신이 명백히 천사의 편이라도 되는 듯이) 거침없는 긍정과 끊임없는 혁신을 말하는 낭만적-자유주의적 철학이다. 들뢰즈의 우주는 결핍이나 결함이 없는 우주, 실패와 비극에 무관심한 우주다. 존재는 일의적univocal이다. 즉, 모든 사물들은 신의 측면들, 혹은 생명력의 측면들이다. 따라서 인간은 신에 준하는 지위로 격상한다. 그러나 똑같은 이유에서 신은 초월성을 잃고 물질적 실재와 융합한다."(30쪽)

들뢰즈의 멋진 그림 앞에서 희열을 느끼는 사람도 적지 않을 듯한데, 이글턴은 어떤 불만을 느끼는 것일까? 왜 그는 '신체적 유물론'이라는 대안을 들이대면서 이런 탈인간적 형이상학에 저항하는 것일까? 철학 공부 따위는 해본 적 없는 사람이라도 쉽게 알아먹을 만한 아래 인용문에 그 답이 있다.

"역사적 유물론과 달리 신유물론의 모든 유파들은 착취적 세계에서 사람들이 처한 운명에 그다지 관심이 없는 듯하다."(31쪽)

다들 알겠지만 '역사적 유물론'은 사회경제적 변화에 관한 마르크스의 이론이다. 1990년대 이후 숱한 사람들이 마르크스 철학의 실패를 이야기하고 더 일반적으로 근대철학의 종언을 이야기했지만, 21세기가 시작되고도 한참 지난 지금, 테리 이글턴은 본래 마르크스가 품었던 화두를 되새기는 셈이다. "착취적 세계에서 사람들이 처한 운명"이라는 화두를 말이다. 이것이 터무니없는 시대착오인지, 아니면 거센 유행의 물결에 가렸던 진짜 문제 혹은 진실의 재등장인지는 독자 스스로 판단할 문제일 것이다.

3.

결국 관건은 인간상이다. 우리는 어떤 놈인가? 라는 질문의 대답, 우리가 스스로 그리는 우리 자신의 자화상 말이다. 관념론이든, 신유물론이든, 신체적 유물론이든, 거기에 담긴 메시지의 핵심은 '우리는 이러이러한 존재다'라는 대답으로 요약될 것이다.

그리고 번역자가 보기에 저자 테리 이글턴의 신체적 유물론이 들려주는 메시지는 '우리는 분열적인 존재다'라는 것이다. 그리고 그는 우리의 분열성을 "시간성", "창조성", "개방성", "초월성" 등과 연결한다. 우리의 분열성을 강조한다는 점에서 이글턴은 전통적인 영혼-신체 이원론자로 전락할 성싶기도 한데, 그는 우리의

분열성을 인정하는 것이 반드시 그 이원론을 함축하지는 않음을
강조한다.

"몸은 자아에게 낯설고 외적인 존재로 느껴질 수 있다. 그러므로 이
원론은 어떤 의미에서 납득할 만한 오류다. 이원론자들의 오류는 인
간을 자기 분열적 존재로 보는 것에 있지 않다. 그들의 오류는 단지
이 균열의 본성을 잘못 파악하는 것에 있다. …… 우리가 우리 자신
과 불화하는 것은 몸과 영혼이 서로 불화하기 때문이 아니라 우리가
시간적이고 창조적이며 개방된 동물이기 때문이다. …… 영혼을 거
론하는 것은 의미작용의 능력을 보유한 몸을 거론하는 것이다. 그리
고 의미작용은 끝이 없기 때문에, 우리는 영원히 과정 속에 있으며
우리 자신을 앞질러 있는 미완성 존재다. …… 우리는 분열된 주체
다. 이것은 우리가 조야한 물질과 순수한 정신의 난감한 혼합물이기
때문이 아니다. 일부 철학자들은 영혼을 몸의 본질로, 몸의 통일 원
리로 간주해왔다. 그런데 이 견해의 참된 의미는 우리가 우리 자신과
완전히 동일한 경우란 절대로 없다는 것이다."(37~38쪽)

상식적으로 쉽게 이해되지는 않지만, 묘하게 공감을 자아내는 이
줄타기 같은 인용문에서 헤겔의 흔적을 보는 것은 번역자만의 독
특한 편향일지도 모르겠다. 아무튼 중요한 것은 우리 자신이 무언
가로 고정되기를 한사코 거부하면서 울타리를 뛰어넘는 존재라는
점이다. 테리 이글턴은 이 같은 헤겔적 인간상을 신체적 유물론이

라는 새로운 몸 중심 인본주의로 변주한 것인 듯하다. 아래 인용문에서 보듯이, 이글턴이 말하는 몸은 헤겔의 정신만큼이나 이상야릇하다.

"자기를 뛰어넘기는 인간 몸의 내재적 속성이다."(57쪽)

테리 이글턴의 비판이 유효하다면, 관념론이나 신유물론은 이런 복잡 미묘한 인간의 처지를 모르거나 외면하는 사상일 터이다. 바꿔 말해 관념론이나 신유물론은 '우리가 우리 자신에게 끝내 낯선 자'라는 사실을 일깨우지 않는 사상, 그래서 저자로서는 비판할 수밖에 없는 사상일 터이다. 역시나 구체적인 해석과 판단은 독자의 몫으로 남겨둔다.

4.

이제껏 설명한 대로, 번역자가 보기에 이 책《유물론》의 핵심은 '우리는 어떤 존재인가?'라는 질문에 대해서 저자 이글턴이 내놓는 "신체적 유물론"이라는 대답이며, 그 대답의 의미는 인간의 몸이라는 복잡미묘한 진실을 보지 못하는 관념론이나 신유물론과의 대비를 통해 뚜렷하게 드러난다. 이글턴에게 인간은 분열적, 개방적, 창조적, 자기초월적인 몸이다. 그리고 우리가 직면한 문제는 그런 인간들이 여전히 착취적인 세계에서 산다는 점이다.

　이 핵심 외에도 흥미로운 이야깃거리가 차고 넘친다. 니체, 비트겐슈타인, 프로이트, 마르크스에 관하여 다른 곳에서는 접하기 어려운 신선한 정보와 해석을 얻을 수 있다. 맨 처음에 언급한 대로 저자의 서술이 다소 산만하게 느껴질 수 있는 것은, 이 작품이 간략한 소책자의 형식인 것에서도 비롯되지만, 더 큰 원인은 이 책에 담긴 철학적 성찰의 만만치 않은 깊이에 있다. 철학책이 다 그렇지만 특히 이 책은 공들여 여러 번 읽는 독자를 결코 실망시키지 않을 것이다.

찾아보기

유물론

테리 이글턴 지음 | 전대호 옮김

2018년 9월 15일 초판 1쇄 발행
2022년 6월 10일 초판 4쇄 발행

펴낸이 이제용 | 펴낸곳 갈마바람 | 등록 2015년 9월 10일 제2019-000004호
주소 (06775) 서울시 서초구 논현로 83, A동 1304호(양재동, 삼호물산빌딩)
전화 (02) 517-0812 | 팩스 (02) 578-0921
전자우편 galmabaram@naver.com
블로그 blog.naver.com/galmabaram
페이스북 www.facebook.com/galmabaram

책임편집 김경미 | 표지 및 본문 디자인 이새미
인쇄·제본 공간

ISBN 979-11-964038-1-2 03100